[英国] 汤姆・索雷尔 著　李永毅 译

笛卡尔

牛津通识读本・

Descartes

A Very Short Introduction

译林出版社

图书在版编目（CIP）数据

笛卡尔/（英）索雷尔（Sorell, T.）著；李永毅译.
—南京：译林出版社，2014.6（2024.3重印）
（牛津通识读本）
书名原文：Descartes: A Very Short Introduction
ISBN 978-7-5447-3270-3

Ⅰ.①笛… Ⅱ.①索… ②李… Ⅲ.笛卡尔，
R.（1596～1650）- 哲学思想 - 研究 Ⅳ.①B565.21

中国版本图书馆 CIP 数据核字（2012）第 219822 号

笛卡尔［英国］汤姆·索雷尔 / 著 李永毅 / 译

责任编辑 何本国 陈 锐
责任印制 董 虎

原文出版 Oxford University Press, 2000
出版发行 译林出版社
地 址 南京市湖南路 1 号 A 楼
邮 箱 yilin@yilin.com
网 址 www.yilin.com
市场热线 025-86633278
排 版 南京展望文化发展有限公司
印 刷 江苏凤凰通达印刷有限公司
开 本 890 毫米 × 1260 毫米 1/32
印 张 7.875
插 页 4
版 次 2014 年 6 月第 1 版
印 次 2024 年 3 月第 10 次印刷
书 号 ISBN 978-7-5447-3270-3
定 价 39.00 元

序言

陈家琪

在人类哲学思维的全部历史上，以自己的一句话或一个命题而与自己以前的一切繁琐论述划清了界限，从而也就开创出了一个崭新的时代，或者理解为奠定了一个全新的基础、确立了一个完全不同的领域、并使得自己以后的所有哲学家都不得不面对的，恐怕就只有笛卡尔一个人了。

这句话或这个命题就是“我思故我在”（Cogito，ergo sum），后来也有人干脆把这句话简化为“我思”（cogito）；因为“我思故我在”中的这个“故”字给人一种“所以”、“因此”的感觉，于是从“我思”到“我在”就似乎成了一种推论。

这恰恰是笛卡尔最反对的，这种反对针对的就是中世纪以来所流行的亚里士多德的三段论式的推论模式：凡思维者均存在——现在我在思维——所以我存在；或者从思维中的观念推导出观念的存在：因为我的思维中有上帝的观念，所以上帝一定存在。

其实，“思维中有上帝”，只能证明思维存在，既不能证明上帝存在，也不能证明“我”（思维者）的存在，尽管这二者的存在也是他在后面所想证明的。

罗素后来在他的《西方哲学史》中指出，“我思”中的“我”字于理不通，因为这里的“我”指的就是“思”，“我在”即“我思”，它并不是指笛卡尔（自己）的存在或任何一个思维者（作为肉身）的存在，它确定的只是“思维自身”的“存在”。

有思维存在，哪怕这个思维受了蒙蔽，受了欺骗，哪怕这是一种正处于想象、幻想、梦境中的思维，但只要有思维的活动，思维就总是存在着的，他把这视为他的“第一哲学”。

这种前所未有的“第一哲学”具有如下的非凡意义：

第一，思维与存在的同一是一个最简单不过的命题，它说的只是思维存在；因为没有思维，什么都谈不上。大家在哲学上争论的唯物、唯心，辩证法、形而上学，哪个是第一性、哪个是第二性，谁决定谁，以及历史是否有规律，上帝是否真的存在等等，都需要有一个前提，这就是先得有“思维存在”，或者说“有思维”。于是，当那个时代的所有的科学家们都在努力理解物质世界的运动规律时，笛卡尔所告诉我们的却是：这种理解与争论之所以可能，是因为有思维存在。

这难道不是一句废话或多余的话吗？

不是。汤姆·索雷尔在他这本小书中告诉我们，当伽利略率先开始以几何学的图景理解物理学时，笛卡尔说：“他还没打地基就开始盖楼了。”（本书第 2 页）

“地基”是什么？笛卡尔又比喻为“树根”。他说，哲学（也就是他那个时代的科学）就如一棵树一样，形而上学是树根，物理学是树干，其他学科是树枝，比如医学、构造学、道德学（第 97 页）；这并不是说形而上学最重要，重要的是“树枝”，因为所有的果实都结在“树枝”上。

但形而上学毕竟是“地基”或“树根”，是人类“最高层次的智慧”。（第 98 页）

西方的大科学家们直到今天依旧不失其“哲学家”的底色，就在于他们总想为自己的研究提供一个坚实的“地基”或“树根”。

我们应该承认，这里所说的“地基”或“树根”是超出感觉之外的，是无法证明其存在的；我们在这里只能笼统地把“地基”或“树根”如笛卡尔那样理解为思维，理解为思维中的观念（这些观念只好被说成是“先天”就有的）。这里所说的“思维”指的是一种具有“普遍总体性”的“空洞形式”，包括无任何内容的设想、理解、肯定、否定、意欲、想象、感觉等等。就是说，思维也好，思维中先天就有的观念也好，都只是作为前提必须先要具有的“形式”，然后经验、感觉（也就是具体的内容）才能在其中得到归纳与整理（这一问题在以后演变为现象学中的意向性及其意向对象间的关系）。这就涉及到了西方哲学的某些基本特征。可惜在很长的一段时间里，甚至直到今天，我们依旧习惯于把经验中的外部事物视为真实，认为凡是超出了我们感觉经验的就是不确实的。黑格尔对此的反驳和为笛卡尔所作的辩护就是：“我们虽然可以思维这件和那件东西，但是，我们可以把这件和那件东西抽掉，却不能把‘我’抽掉。有人说，我们之所以思维这件和那件东西，是因为东西存在；这种说法是惯常的狡辩，其实文不对题；殊不知说有某种内容存在，这话正是值得怀疑的，——其实并没有什么可靠的东西。”①

第二，这就涉及到了笛卡尔哲学的出发点：“怀疑一切”（de omnibus dubitandum）。我们经历的意见和感官欺骗简直太多太

---

① 黑格尔：《哲学史讲演录·第四卷》，贺麟、王太庆译，商务印书馆 1978 年版，第 71 页。

多，这使得我们无从信任一切来自外在或他人的说法，确信我们必须抛弃一切原先的假设与信从，一切从自己的思维出发；当然，首先是思维的存在无可置疑。

思维应该从自身的存在开始，黑格尔认为这是一条“伟大的、极其重要的原则”，而且它并不导致怀疑主义，因为它不是为怀疑而怀疑，不是以怀疑为目的，而是通过怀疑达到相对于自己的思维而言的确实可信的结论。精神的自由也就正体现在这里；这也就是近代西方哲学中理性主义批判精神的起源。

怀疑本身所呈现的一个完全无可非议的事实就是“怀疑本身存在”。

笛卡尔说，在我们的一生中，哪怕只有一次，我们是不是可以对一切稍稍感到怀疑的东西都一律加以怀疑呢？因为我们从小到大，在没有充分运用自己的理性之前，就已经先行接受了各种各样的意见、看法、传统与习俗；那么当我们有一天想到应该从自己的思维出发时，是不是应该对以前所接受的一切统统加以怀疑呢？

相对于相信、肯定、盲从、听话，只有怀疑才能回到自身，才能意识到“怀疑本身”即思维或思维的自由存在，因为你毕竟可以否弃掉一切成见、一切只要想轻而易举接受就能接受的说法。

在这里，“自由”与“思维”一样，都是通过怀疑而返回自身的，同时也就证明了某种“绝对开端”的存在。

我们不要忘记，笛卡尔的一生都是在被压制、被禁止、被批判、被围攻中度过的，伴随着他的一直是恐惧与离群索居；也正因为周围的一切对他来说都是否定性的，所以他才会想到回到自身，回到思维的自由。索雷尔在他的书中告诉我们，笛卡尔要让教会和周围的人能容忍他，只有三条路可选：一是修改自己的观点，自我批判；二是掩饰其危险后果，把语言变得更隐晦、更隐蔽；三是找到一个就连最顽固的反对者都无法反对的“起点”，这才有了他的“我思故我在”。（第38页）他选择的就是第三条道路。这也启示我们：当意见无法统一，当所有的人都情绪激昂地认为只有自己的想法才对时，我们是否也应该寻找一个共同的、“就连最顽固的反对者都无法反对的‘起点’”？当然，我们首先得问一下自己：有这样的起点吗？我们自己相信这样的起点吗？“起点”，我在这里也可以理解为“底线”或对话的“基础”。如果连这一点都不相信了，那可就真成了怀疑论者或虚无主义者。

最后一点，我想特别强调一下笛卡尔的文风。

从索雷尔的书中我们可以看出，笛卡尔所提出的都是一些很平常、很日常、别人不会注意到的问题，比如当他从作为一个科学家起步时，提出的问题就是“为什么人觉得白昼比夜晚暖和？为什么越接近赤道也就越暖和？”“彩虹为什么是弧形？”，到了哲学阶段，他的问题变成了：人们到底是如何得出上帝存在、上帝完美、上帝不会欺骗我们这一结论的？尽管结论在问题提出之前就已得出，但他作为一个科学家，想的却始终是有无“总体科学”和“普遍数学”的问题；作为哲学家，他思考的也一直是“我思”与“我在”间必然会有的联系：“如果没有三角形的存在，所谓的三角形的真实本质如何能存在？其次，只要完美就必定存在，究竟是什么意思？”（第72页）黑格尔在他的《哲学史讲演录》中说，笛卡尔是第一个以非学院的独立思想者的身份开始哲学讨论的，而且所有论述都十分自由、简明、通俗，抛开一切公式、假定，“文章开门见山、十分坦率，把他的思想过程一一诉说出来”，于是改变了整个哲学文化的气氛。所以笛卡尔不但是一个彻底从头做起，带头重建哲学的英雄人物，而且更重要的，就是通过他的著述标示出了一个把哲学问题作为困扰自己人生的最大问题来加以讨论的“全新方向”和哲学的“新时代”。

笛卡尔是近代一位伟大的科学家，他建立了高等数学的重要基础，是解析几何的发明者，对物理学、光学、天文学都有重大贡献；是他发明了用 x、y 和 z 表示方程中的未知量，用 a、b 和 c 表示已知量，创立了表示数字的立方和高次幂的标准符号；他二十三岁时，就声称自己已经找到了一种适用于所有科学问题的“总方法”（第 13 页），而且在 1630 年（三十四岁）着手写他的《世界》一书，其中就包括地球运动的假设；他的《屈光学》确立了光的折射与光所穿越的介质密度之间的关系；他的《气象学》则在风、云、彩虹、雪、冰雹、风暴与其他自然现象间建立起简洁一致的解释方式，因为他相信“本性天然是有秩序的、稳定的，每种事物由于其本性的决定作用，都表现出与之相应的特定行为和变化方式”（第 43 页）。

但所有这一切并不足道，至少，牛顿的成功就已经沉重打击了笛卡尔在自然科学上的成就与声望；也许正如有些人所说的，笛卡尔是一位很少有兴趣用实验来验证自己理论的沉思型人物，他的沉思最能满足的，就是他的形而上学两原则（“我思故我在”与“上帝存在”）之间的关系，是他对一切成见与权威的怀疑和坚定地把“开端”奠基于普遍性思维的努力，是他的对事物是否具有统一本性的思考与简洁明了的文风、自我敞开的坦白。

说到底，他是一位真正的哲学家，尽管在黑格尔看来，在自由问题上，他无法解决一个问题：如果人是自由的，是否会与神的全知全能、预先安排发生矛盾；而且他把哲学（科学）比喻为大树的说法，事实上也导致了以后集各种科学之大成的体系化趋向，如从逻辑学、形而上学讲起，再讲自然哲学，包括物理学、数学等等，最后再讲伦理学，研究人的本性、义务、国家与公民。而黑格尔自己恰恰就是这一体系的最后一个完成者，其间历经将近两百年。

我自己最有兴趣的是这样一个哲学问题：笛卡尔认为感官并不再现任何事物，感官仅仅负责从周围的物质接受碰撞；再现（包括颜色、味道、质地、温度）是理性灵魂的职司；于是，身边有一个又红又大的苹果是理性的灵魂单独感知到的，感性只能感知到苹果与我身体的碰撞。是这样吗？笛卡尔为什么要这样认为？其实，他的意思是说：人的感性只能感知到苹果，但当我们说到或想到“苹果”这个词语时，它在我们心目中所唤起（也就是“再现”）的“又红又大”是理性灵魂的功能。于是，他又从这里得出了这样一个结论：人的感官会接触到一些具体的事物，这种接触只会在人的心智中引起“再现”（包括联想）；而且人的心智中也会有一些概念（词语）是无须到外界寻找对象的；也就是说，理性灵魂会有一些天生的或自己制造的概念（词语），这些天生的或自己制造的概念也可以在人的心智中衍生出更多的句子，用以表达那种仅仅“再现”于心智中，但又与外部事物极其相似的景象。索雷尔说，令人惊讶的是每种语言的使用者都能制造出大量从未学过的句子；而且尽管掌握语言的方法和个体的智力千差万别，不同语言的使用者却能把握到某些相同的东西，这应该归因于语言的使用者一定具有某些相同的能力，而且这种能力不是我们在学习语言的过程中获得的。“显然，这样的看法是笛卡尔假说的一个变种，它正是美国语言

学家诺姆·乔姆斯基的杰出理论。乔姆斯基承认自己受到了笛卡尔的影响。”（第 78 页）

目录

引用文献说明

书中所标注的卷数和页码依据的是亚当和塔内里编辑的笛卡尔著作的标准版（巴黎：弗兰出版社，1964—1975），例如“7.12”指亚当版的第7卷第12页。英语译文主要来自科廷罕、斯多瑟夫和默多克的《笛卡尔的哲学著作》（剑桥：剑桥大学出版社，1985）。在这个译本中，亚当版的卷数标在作品最前面，页码标在文字两边的空白处。卷数后的字母A代表拉丁文本，B代表法语文本。大段引用的笛卡尔信件来自安东尼·肯尼编译的《笛卡尔：哲学信札选》（牛津：牛津大学出版社，1970年）。

第一章
物质与形而上学

勒内·笛卡尔的职业生涯不长，起步也晚。1628年他才开始专注地研究哲学和自然科学，此时他已三十二岁了；九年以后他才有作品问世，而这距他生前最后一部著作的出版时间（1649年）仅有十二年。他也远非多产的作者。然而，他为物理学[1]、数学和光学作出了奠基性的贡献；在气象学和生理学等领域，他所留下的记录也惠及后人。他在自然科学方面的成就已经令人景仰，但他的视野却远更辽阔。

他最为人知的方面或许是“我思故我在[2]”（Cogito, ergo sum）这句名言。这个简短的论断是他的形而上学（或者说“第一哲学”）的第一原则，这种哲学致力于探讨坚实严谨的科学赖以存在的先决条件。他的形而上学非常玄奥，对后世哲学影响

---

① 笛卡尔所研究的“物理学”（physics）在概念上不同于今日的物理学（光学是其一部分），主要关注的是物质的基本原理。——本书所有注释均由译者添加，以下不再一一注明

② 严格地说，这个通行的译法并不准确。无论是在希腊语、拉丁语还是后来的西方现代语言中，系词“是”虽也有“存在”的意思，但“存在”并不是其本意。“我是”意味着可以对“我”进行描述，并且描述“我”的那些性质可以被“我”真正拥有，换言之，“我”是一个“实体”（substance）。

深远，直至今日仍不绝，堪称他思想遗产中最具生命力的部分。但是笛卡尔的初衷绝不是让形而上学独立于科学研究而存在，更不是让它喧宾夺主。当笛卡尔在研究活跃期的前半段转向形而上学时，他发明的理论仅仅是为阐述自己以数学为基础的物理学扫清障碍。通过极其抽象复杂的推理，笛卡尔力图证明，只有那些能够在几何学中清晰理解的属性——长、宽、高——才是物质最核心的属性，解释自然现象也只需要考虑这些几何属性和物质的运动。

几何式物理学的鼓吹者不止笛卡尔一位，他甚至也不是头一位。这个大方向的先驱当推伽利略[①]，但笛卡尔认为他不够严谨。"他还没打地基就开始盖楼了，"笛卡尔在1638年10月的一封信中如此评价伽利略，"他没有考虑自然的第一因，只试图解释一些个别现象。"（2.380）笛卡尔的形而上学则考虑了自然的第一因——上帝；他的物理学由此推演出自然界最普遍现象——这些现象包括加速以及物体因碰撞而发生的变形——的原因并就其他许多现象的成因提出了假设。

他有意采用了一种同时远离经验常识和传统物理学的解释方式：该方式似乎无意与自然物体向人类感官所呈现的表象保持一致。搭建笛卡尔物理学的材料是关于物体的数学事实，诸如关于大小、形状、构成、速度的数据，这些事实能够为感官经验迥异于我们或者完全没有感官经验的心智[②]所把握。物体

① 伽利略（1564—1642），意大利著名数学家、物理学家、天文学家。有《星际使者》、《关于托勒密和哥白尼两大世界体系的对话》、《关于两门新科学的谈话和数学证明》等著作。

② "心智"（mind）在本书其他地方与"体"（body）并提时，出于对称的美感考虑译为"心"。

图1　一幅笛卡尔肖像的版画复制品(原作者:弗兰斯·哈尔斯)

的其他事实，诸如颜色、气味等**原本**与人类感觉能力有关的事实，笛卡尔是以另外的方式处理的。他用自己偏爱的框架来解释，将它们都归结为物体的大小、形状、速度以及这些事实对感官的影响。由此，笛卡尔创立了一种理论，区分了物体真实拥有的本质属性（形状、大小等等）与物体似乎拥有的表象属性（颜色、气味及其他能感知的特性）。

笛卡尔区分了以感觉为基础的认知框架和更严格的数学式认知框架，坚信后者能更客观地理解物质世界。新科学的其他信徒也秉持这样的看法。为了宣扬数学式认知框架的优越性，他们有时会声称它与上帝的思维相似。但是笛卡尔没有满足于这种上帝视角的含混提法，他明确指出了在理解物质世界时以感觉为基础的认知框架与数学式认知框架之间的差异。他向读者表明，前者的整个体系都难逃质疑，后者却可以驱逐不确定性的幽灵；不仅如此，他还提出了一种方法，帮助我们摆脱感觉的影响，转向更客观的认知框架。

通过亲自倡导上述方法，笛卡尔在纯数学和自然科学的几个分支领域都取得了斐然的成就。其他作者，例如弗朗西斯·培根[①]和伽利略，只能在某些方面与笛卡尔比肩。培根虽然发明了一种消除常识化认知和传统物理学负面影响的方法，他对感觉世界的质疑却远不如笛卡尔深刻。此外，培根虽然为一种更客观的认知自然的模式开辟了空间，他却没有清楚地意识到这种模式的数学本质。伽利略的确意识到了该模式的数学本质，却不能令人信服地解释数学方法在研究物理世界时何以能被应

① 弗朗西斯·培根（1561—1626），英国哲学家、文学家和科学家，对近代实验科学有重大影响，著有《新工具》、《论说随笔文集》等。

用得如此得心应手。笛卡尔的形而上学填补了这个空白。他的理论宣称，按照上帝设计的本意，如果人类的心智以数学的方式去理解物质世界，就能进入确信无疑的状态；我们能够确信无疑地理解的任何东西，上帝都有能力创造出来；当人类确信不疑地把握到物质的数学本性时，仁慈的上帝是不会让他们的心智在此刻坠入谬误的。

这套将物质与数学视为“天生伉俪”的说法在我们今日看来既显怪诞，也不够雄辩。然而，即使笛卡尔没能说服我们数学式物理学是可行的，也没有什么妨碍。17世纪以来数学式物理作为测量、预测和控制的工具已然取得辉煌成就，让诸如此类的证明成为多余。但笛卡尔的理论并非徒劳无功，它为早期的一些研究铺平了道路，正是这些研究的成就使我们树立了对现代物质科学的信心。

如今笛卡尔的形而上学比他的数学式物理学更受关注，因为去世不过数十年，他在自然科学领域最具特色的一些猜想就被逐渐淘汰了。然而，这些理论的研究和撰写工作却几乎占据了他的整个活跃期。科学问题，而不是哲学问题，才是他研究工作的中心。在面对这些问题时，他强烈地意识到它们的共同点，清楚地知道处理它们的顺序，并且坚信自己能够找到其中多数问题的答案。

第二章

发现自己的天命

笛卡尔竟能积攒足够的自信和热情，持之以恒地推进自己迟迟才起步的研究工作，这样的结果似乎完全出于偶然。他1596年3月31日生于法国西北部的图赖讷，但他的家族却没有科学家的遗传因子。他的祖父和曾祖父都当过医生，父亲却是律师，并任治安推事。外祖父曾在普瓦提埃担任高级公职。母亲一方的亲属中似乎有人做过司法官员。父母双方的家族即使不是下层贵族，至少也离贵族身份不远，财产殷实，也受过良好的教育，但对科学没有特别的兴趣。在早年居家的这段时间里，没有任何迹象能让人预见到笛卡尔最终的职业选择。

大概是在十岁左右，小笛卡尔被送到了耶稣会士[①]在安茹创办的拉弗莱什公学[②]。他在这里学习了八年，接受了自然科学方面的早期训练。最后两年的课程中有数学和物理。他在数学方面表现出了天赋，然而他所学的物理却并不倚靠数学工具。笛卡尔接触的理论是以经院哲学的思路来解释自然界的差异

---

① 耶稣会（Order of Jesuits）是天主教的主要修会之一，由西班牙人圣依纳爵在1535年创立。耶稣会士在当时的教育界和科学界有较大势力。

② 欧洲最著名的教会学校之一。

与变化的，旨在以深奥、抽象和非量化的语汇来阐释定性描述的观察结果。

17世纪早期的耶稣会士在讲授经院物理学的同时，也意识到了天文学领域的最新进展，而后者的动力来自一种截然不同的、数学式的探究自然的方法。这一点在拉弗莱什公学也有所体现。例如，该校在1611年曾庆祝伽利略发现木星的卫星。耶稣会士们甚至可能开明地允许笛卡尔和他的同学们使用新发明的光学仪器，这些仪器早在1609年就开始在巴黎出售。但在课堂上，占绝对主导地位的仍是沉闷的经院教条，笛卡尔不禁兴味索然，至少他后来是这么描绘的。在仿自传体的《方法谈》（1637年作为他三篇科学著作的前言发表）中，他给读者的印象是，自己不仅未能从学生时代获益，反而深受折磨。只有拉弗莱什公学的数学启蒙对他后来的研究有所帮助，但据他说，就连这点知识都需清理一番之后才能发挥功用。这样看来，他著作中的那些核心问题最初激发他的兴趣，不是在1613年或1614年的拉弗莱什，而是在五年之后的荷兰。

笛卡尔于1614年离开拉弗莱什，1618年到达荷兰，其间他做了什么，我们知之甚少。有证据表明，1616年他在普瓦提埃获得了一个法学学位，这和几年前他哥哥皮埃尔的经历如出一辙。然而，皮埃尔后来遵父亲之命做了律师，家人为笛卡尔设计的却是军旅生涯。1618年笛卡尔到了荷兰的布雷达，以绅士志愿兵的身份加入了荷兰莫里斯亲王①的军队。这支军队堪称欧洲大陆贵族子弟的军事学校，而笛卡尔的实际地位则相当于一

① 莫里斯亲王（1567—1625），即拿骚的莫里斯，拿骚伯爵、奥兰治亲王，尼德兰北方诸省（荷兰）的实际统治者，以军事才能著称。他指挥的军队是当时欧洲最先进的军队。

名士官。

二十二岁的时候，笛卡尔在布雷达遇见了一位比他年长约八岁的医生，此人名叫埃萨克·贝克曼[①]。两人一见如故。贝克曼知识渊博，对科学的诸多领域都感兴趣，他对年轻的笛卡尔产生了重要影响。1619年的一封信即是证明。“告诉你实话吧，”笛卡尔对贝克曼说，“是你帮我克服了无所事事的状态，让我想起了从前学过却几乎忘记的东西；每当我的心思偏离了严肃的主题，你总把我拉回正途。”所谓“严肃的主题”似乎是指理论数学和实用数学的一系列深奥问题。现存的两人在这一时期的通信很少涉及别的话题，他们的信件似乎只是面谈的延续。一封信讨论了独唱歌曲中音调之间的数学关系，在另一封信中笛卡尔宣称，他在六天之内解决了数学领域的四宗悬案。他还向贝克曼透露，自己打算公布一种崭新的科学，借助它可以全面解决任何算术或几何问题。由此可以推断，笛卡尔正是在此阶段孕育了对科学问题的热情。

与贝克曼的通信始于1619年4月底，当时笛卡尔离开了布雷达，前往哥本哈根。适逢三十年战争[②]爆发，他小心翼翼地避开军队的行进路线，绕道阿姆斯特丹和但泽，然后穿越波兰，最后到达奥地利和波希米亚[③]。信件表明，他启程时满脑子都是数学问题，在整个旅途中，这种兴趣不仅没有减弱，反而与日俱

---

① 埃萨克·贝克曼（1588—1637），荷兰哲学家、科学家。

② 三十年战争（1618—1648）是由神圣罗马帝国的内战演变而成的全欧参与的一次大规模国际战争，以波希米亚人民反抗奥地利帝国哈布斯堡王朝统治为开端，最后哈布斯堡王朝战败并签订《威斯特伐利亚和约》。

③ 波希米亚位于现今捷克共和国的中部，历史上是吉卜赛人的聚居地，也是三十年战争爆发的地方。

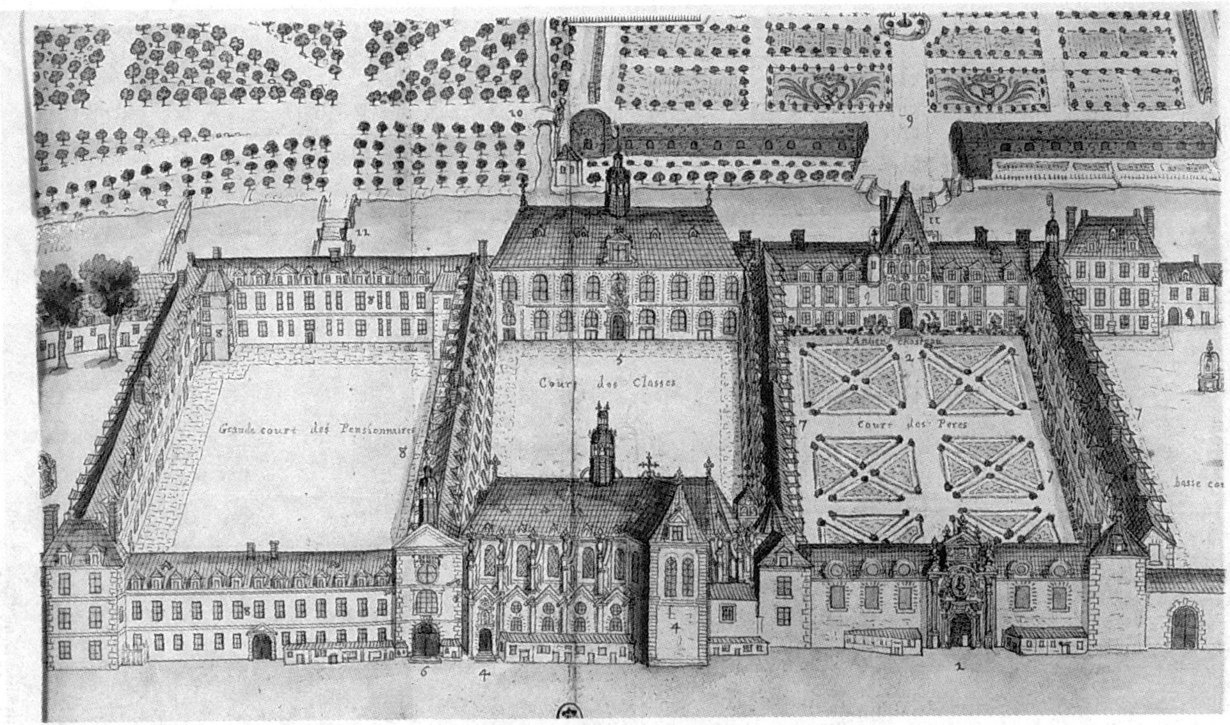

图2 拉弗莱什公学(17世纪的版画,作者皮埃尔·艾弗林)

增。他似乎也改变了计划的行程。他没时间在波兰、匈牙利、奥地利和波希米亚漫游，于当年9月到达了法兰克福，正好赶上费迪南[①]皇帝的加冕礼。

大概在乌尔姆附近，他停止了旅行，在德国[②]过冬。在这里，半年来专注的研究几乎变成了一种偏执。至少1619年11月10日是一个特殊的日子。他把自己关在一间暖房里，据说当日他看见了一个异象[③]，晚上还做了三个梦。他相信这是上帝在启示他，自己一生的使命就是将一种奇妙的科学（scientia mirabilis）呈现在世界面前。

① 指费迪南二世（1578—1637），神圣罗马帝国皇帝、波希米亚王、匈牙利王。

② 准确地说，现代意义上的德国此时尚未诞生，但译成“德意志”又太生硬，这里姑且译成“德国”。

③ 指通过梦或似梦的经历接受来自上帝或天使的信息。

第三章

统一的科学，统一的方法

笛卡尔当日见到了何种异象，无人知晓；当晚的梦虽在私人日记里有所体现，但他的记录过于简略隐晦，外人似乎难以破译。但一个不算离谱的推断是，他开始觉察到，许多此前一直被视为彼此分离的学科都可以找到数学上的统一性。这些学科不仅包括传统教育所言的“四艺”（quadrivium）——算术、几何、音乐和天文，还包括光学、力学和其他一些领域。

一些不同来源的资料表明，离开布雷达之后，笛卡尔越来越倾向于认为，可能存在某种总科学或者说科学探索的总方法。1619年4月，笛卡尔从阿姆斯特丹写信给贝克曼，说他遇见了一位百事通，此人声称自己深谙雷蒙德·鲁尔《小术》[①]（*Ars Parva*）里的一种方法，任何话题都可以滔滔不绝讲上一个小时。鲁尔是13世纪一位讨论普遍科学的思想家。笛卡尔显然相信了这番矜夸，特意请求贝克曼调查一下，告诉自己鲁尔的书是否真的如此神奇。在以前写给贝克曼的信中，笛卡尔已经设

---

① 雷蒙德·鲁尔（1232—1315），西班牙哲学家、神学家，坚信神学与哲学、信仰与理性是相通的，致力于用逻辑证明天主教神学。代表作是试图统一神学和哲学的《大术》（*Ars Magna*），《小术》是他的逻辑学著作。

想了一种整合代数和几何的科学，此事或许让他进一步想到，也许存在某种全能的方法，可以让人在任何学科有所发现或进行深入的讨论。

在寻找这种总方法的过程中，他没有局限于鲁尔的著作，玫瑰十字会[①]的思想也让他产生了短暂的兴趣，这套体系据说可以帮助人获得对世界的某种整体认识。在乌尔姆附近居住的时候，他认识了一位名叫约翰·福尔哈贝尔[②]的数学家，此人是玫瑰十字会的成员，很可能是他向笛卡尔透露了该教派的秘密信仰。后来有人指控笛卡尔曾加入这个被禁的教派，笛卡尔反驳说，他认为这个教派的信条无一可靠。然而，尽管他后来否认了与玫瑰十字会的联系，刚遇见福尔哈贝尔的时候可不是这样。在离开德国后所写的一本笔记里，他谈到自己打算写一部著作，“提出解决一切数学难题的方法……这部新作将献给全世界所有博学的人，尤其是德意志玫瑰十字会的尊贵成员”（10.214）。

他在这本笔记中还讨论了各门学科的深层统一性：“如果我们能看见各门学科是如何联系在一起的，要记住它们就会变得和记住数字的顺序一样容易。”（10.215）我们不能确知，他是否在1619年才有了这种信念，但如果《方法谈》中的自述是可信的，一些相关的想法——比如研究各门学科应当遵循的顺序——他此前应该就已经考虑过。

① 近代欧洲的秘密宗教团体，出现于17世纪初的德意志。主要教义是：上帝在其“恩宠王国”和“自然王国”中都以同一的规律行事，因而宗教和科学具有一致性。

② 约翰·福尔哈贝尔（1580—1635），德国数学家。

《方法谈》第二部分记录了笛卡尔在那间暖房里思考的问题。他首先想到,许多人共同创造的工艺品往往不如单人创造效果好,如果事先没有某种总体设计,只是随意添加而成,结果就更糟了。但对于无序发展的结果,从头再做有时却是不合适的。面对一个自发形成、未经规划的城市,我们断不会想到推倒**所有**房子,换上新建筑,以实现一种迷人的整体效果。所以笛卡尔认为,“如果有谁执意改变各门学科的总体架构或者学校里既定的讲授顺序……那是不明智之举”(6.13)。但另一方面,个人摧毁并重建自己的住所却可以是合理的,而且按照同样的思路,在不触动各门学科的架构和传统讲授顺序的同时,革新自己的学问,剔除已形成的信仰中所有可疑的成分,或许也是有意义的。根据《方法谈》中的说法,笛卡尔最初得出的结论中有一条就是,摒弃自己一切现有观念并用更好的想法取而代之是完全正确的——只要事先确定了寻找替代物的**办法**(6.17)。

笛卡尔探寻的方法将拥有逻辑、代数和几何思维程序的一切优点,却可以避免它们的所有缺点。他在《方法谈》中声称已经发现了这种方法,并且在实际应用中取得了初步成功。“事实上,我可以说,通过严格遵守自己选定的法则,我已经能娴熟地解释[几何和代数]领域的全部问题。”(6.20)在下文中他又说:“我没有把这种方法局限于某个具体的主题,因此我希望能将它应用于其他学科,并重演我在代数领域的成功。”(6.21)这是《方法谈》中最大胆的说法,笛卡尔几乎是在宣布,他在德国停留时找到了一种总方法,一种原则上适用于所有科学问题的方法。但他并没有直截了当地说,这种方法**的确**足以应对其他学科,而只是说,既然其他学科的原则都仰赖哲学,而他发现哲学没有任何确定性可言,他就首先要在哲学领域建立确定性的基础。不仅如此，他还认识到，承担如此艰巨的任务不能操之过急：“那时我只有二十三岁，我想只有等到更成熟的年纪，在长时间的准备之后才可以去尝试完成这个任务。”(6.22)我们会发现，笛卡尔的“准备”持续了九年，直到1628年才开始建立他认为解决其他学科的问题所必需的“确定无疑的原则”。

第四章
“绝对项”、简单本质[①]与问题的处理

如果笛卡尔在1628年之前的确发现了某种方法，那么，到底是什么方法?《方法谈》第二部分提到，在那间暖房里，他已概括出指导自己所有研究的四条箴规(6.18)。《方法谈》的批评者怀疑这么寥寥几条箴规是否配得上“方法”之名，笛卡尔自己也认同这种反对意见。在和一位通信者讨论《方法谈》的恰当题目时，他否定了将其称为《XX论》的提议，理由是它虽然宣告了一种新方法，但并没有真正讲授这种方法。不过我们知道，1628年笛卡尔曾尝试写一部更像论著的书，名为《指导心智的法则》(*Regulae ad Directionem Ingenii*)，但最终没有完成。笛卡尔原计划提出至少三十六条法则，分为三组，每组十二条。《法则》对方法的阐释不如《方法谈》那样简明扼要，但很可能更接近笛卡尔最初想到的解决问题的一般程序。

在解释前十二条法则时，笛卡尔回顾了他1619年在乌尔姆附近静修时思考过的一些要点。第四条法则的内容是，研究的

① 原文nature在此书中有三种译法，当它指整个物质世界时，译为“自然”；当它指某种具体东西的性质时，译为“本性”；当它指现象背后的东西或某种普遍的属性时，译为“本质”。

向导应当是方法，而不是好奇心。笛卡尔评论这条法则时，列举了一些已知的研究方法在数学各分支所取得的丰硕成果，并由此推想，它们能否应用于“更难取得进展的学科”（10.373）。他的结论是，可以应用；更确切地说，代数和几何里的技巧只是特例，它们背后有某种更具普遍效力的程序，一种不仅可以解决数字和图形问题，还可以有许多其他用途的程序。在接下来关于第四条法则的讨论中，他先是暗示可能有某种普遍适用的解决问题的方法，然后明确断言存在一种“普遍数学”：

> 我逐渐认识到，数学仅仅关心顺序或量度的问题，至于这种量度是涉及数字、形状、星体、声音还是其他任何对象，对数学的本质而言无关紧要。这让我领悟到必定存在一门通用学科，它能解释关于顺序和量度的一切问题，无论其具体内容是什么，这门学科应当命名为“普遍数学”（mathesis universalis）……因为它包含了数学的各个学科得以称为数学的一切要素。
>
> （10.377—378）

笛卡尔

他接着说，就“统一性和单纯性”而言，这门学科让其下属学科（几何、天文、音乐、光学、力学及其他）相形见绌，而且正由于其高度的概括性，它也避免了困扰具体学科的一些难题。

笛卡尔认为，有三条法则对全篇至关重要（10.392）。第五条法则要求研究者“把复杂深奥的命题逐步简化，然后从直觉到的最简单的命题开始，沿着同样的梯级渐次上升到对其他所有命题的理解”（10.379）。第六条法则对什么是“简单”作了一些解释。第七条法则描述了第五条法则所称的“上升”的技巧，如何从复杂问题所化解出的最简单的命题出发,依次回溯其他所有命题。

笛卡尔演示了如何正确运用包括这三条在内的所有法则(10.393及下文)。他首先以屈光学中的光折线为例。这个光学问题试图回答:平行光线在遇到密度更大的介质时,按怎样的路径行进能确保折射后相交于一点?笛卡尔说,对于这个问题,不懂物理的数学家只能取得有限的进展。他会发现自己所寻找的路径取决于入射角和折射角之间的一个比率。发现这一点时他遵循的是第五条法则——将研究的问题化解为更简单的命题,也即那些必须预先知道才能解决问题的命题。其中一个这样的命题就是两个角度值之间的比率。然而,纯数学家只能走到这一步,因为纯数学家只追寻与数字和图形相关,而不是与普遍事物相关的真理,这违反了笛卡尔提出的第一条法则(参考10.361)。

找到光折线问题的答案是**可能**的,但需要有人更进一步,看到两个角度值的比率又取决于什么因素。研究者必须明白,这个比率会随两个角度值的变化而变化,而角度的变化又是由光线穿过的不同介质所决定的。要理解这些变化,他必须懂得其他知识:光线穿过适合它传播的"精微物质"[1]的方式,光的作用的本质以及一般自然作用的本质。理解后面这些知识意味着理解比表述角度比率的命题"更简单"的命题,其中"最简单"的是表述何为自然作用的命题。

在考虑光折线的思维序列中,自然作用的本质就是笛卡尔所称的"绝对项"(10.395)。推而广之,思维序列中的绝对项指

① 笛卡尔所设想的组成宇宙的基本物质,详见第七章。

让研究者得以发现“简单”物的那些项，而“简单”物又使得未知的本质，例如光的本质，变得可以理解。在解释第六条法则时，笛卡尔列举了绝对项的一些典型特征：

> 我所称的“绝对项”就是任何包含我们所讨论的这种纯粹简单本质的东西，也就是我们视为独立存在的东西，某种具备简单、普遍、单一、等量、相似或平直等属性的“因”。
>
> （10.381）

这里列举的特征似乎杂乱无章，但继续往下读，我们就会发现对笛卡尔而言，所有能解决的问题都可以用等式的形式表达出来，等式的两端分别是从问题所涉及的数据中提取的已知量和未知量。之所以提到等量，是因为等式可用于表达已知量和未知量的关系。“平直”也位列其中，则是因为某些等式在坐标系中表现为直线。绝对性的意思是，某物只能从自身而不是与他物的关系来理解，这一点用光折线的例子可以很好地解释：只有理解了一般的作用，才能理解光的作用，而理解一般的作用却无须先理解某种具体的作用——比如光的作用。

在《法则》中，笛卡尔声称，读者如果领悟到所有事物都能排成序列，而每一个序列都可从最具绝对性之物逐步过渡到最具相对性之物，也就发现了他的方法的“关键秘密”（10.381）。这个秘密就是：每一个可以判定真假的问题和事件，都可被视为“合成物”，其本质都是由“更简单”、更易理解的事物组合而成。确定这些简单物意味着用一种仅仅抽取了量化特征的通用词汇来描述合成物（他举了光和磁铁为例）。

支撑笛卡尔“绝对项”说法的是一种关于“简单”和“合成”本质的理论。除非我们对这种理论有更详细的了解，否则他向我们透露其方法的“关键秘密”也没有明显用处。笛卡尔究竟提供了多少必要的背景知识呢？《法则》谈到了简单本质遵循的各种合成方式（10.422及下文），也提到合成导致了错误的产生（10.424及下文），还列举了所有的简单本质。

笛卡尔把它们分为三类（10.419及下文）。第一类是“纯精神”简单本质，他以知识、怀疑和意愿为例。但《法则》中能用上所有这些纯精神本质的只有一个问题——如何确定人类知识的范围和本质（10.395）。虽然笛卡尔把它称为“最能说明何为问题的问题”，“最应当用此处的法则去考察的问题”，但实际上，在他用自己的方法检验的问题中，这个问题却没有典型意义。解决他所聚焦的问题或悬疑，依靠的是其他两类简单本质，也就是他所谓的“纯物质的”简单本质和“跨精神和物质的”简单本质。

“纯物质的”简单本质指物体的形状、广延（长、宽、高）或运动（10.419），这些本质仅属于物质的或物理的东西。如果知道了它们在特定类型的物体中的相互关系，我们就能回答与物体的普遍作用和特性相关的问题。例如，笛卡尔声称可以从下述已知条件发现声音的本质：“三根弦A、B、C发出相同的声音；B和A长度相等，但比A粗一倍，施加于B的重量是施加于A的二倍；C和A一样粗，长度是A的二倍，施加于C的重量是施加于A的四倍。”（10.431）这些数据都涉及长度、粗度和重量之间的关系，而三者都被想象成可用单元进行量度的东西。长度和厚度都是纯物质简单本质的例子，可量度性则属于“跨精神和物质的简单本质”（10.419；参考10.440、449）。

笛卡尔说，上述弦的例子和声音问题说明，任何被充分理解的问题，至少任何基本剔除了无关考虑的问题，都可以简化成“一种……只需处理和比较某些普遍量的形式”（10.431）。就某些方面而言，这一点堪称《法则》所讨论的方法的“关键秘密”。笛卡尔认识到，很多可解的科学难题之所以显得**无**解，是由于表述它们的方式不恰当。他认为自己找到了解决任何有关数字和图形的难题的方法，因此他花了很多工夫来演示如何将表面上与数字和图形**无**涉的问题转换成数字和图形的问题。对于自己最关注的物理学问题，他给出了详尽的法则，将它们重新表述为点和线的阵列（10.450及下文），或者在有必要进一步精简的地方采用数字等式（10.455及下文）。如此转换之后，问题的形式就大为简化，各个量之间的关系就可以轻易地观察出来，计算也可遵循机械的程式。

虽然这样的转换已很有创造性，笛卡尔却不满足于告诉读者如何将模糊的、非数学的命题用预先存在的、更清晰的数学语言表述出来：他相信，现存的代数和几何表达法本身也需要简化和统一。他在《方法谈》中回忆说，自己在年轻时就敏锐地觉察到，表述数学问题的传统方式存在不少缺陷。他抱怨说，几何分析“被紧紧绑缚在图形的研究上”，即便它能锻炼智力，也会“让想象力严重衰竭”（6.17—18）；代数则“跳不出某些法则和符号的樊篱，最终成了一门混乱、晦涩的技艺”（6.18）。

为了让两门学科变得更清晰、更具一致性，笛卡尔引入了许多至今仍在代数中使用的表示法。是他发明了用x、y和z表示方程中的未知量，用a、b和c表示已知量的规范。是他创立了表示数字的立方和高次幂的标准符号。更重要的是（因为这一点超越了表示法的层面），笛卡尔向世人证明，只要它们之间存在可用数字表达的关系，一切量就都可以用几何线条表示出来；反过来，包括曲线在内的几何线条都可以转换成代数表达式。在解决等式问题时求助于X轴和Y轴，将相关量直观地呈现出来，这样的技巧即使不是笛卡尔发明的，至少也在他的《几何学》中得到了拓展和创造性的应用。

《法则》为《几何学》的一些创新点作好了铺垫，至少勾勒了轮廓。他在《法则》中尝试将翻新后的代数和几何中的技巧用来解决其他学科的问题，也具有蓝图意义。笛卡尔曾计划在《法则》的最后十二条法则中向读者演示，任何问题，无论其初始的表述方式如何粗疏，都可转换成一个清晰的问题，使得从已知到未知的道路像数学般一目了然。最后这十二条他似乎没能写完，但在写好的二十四条中，他发展出了一种笛卡尔式的通用研究方法，我们将在讨论《法则》之后的著作中反复发现其踪迹。

第五章

在世界浪游

根据《方法谈》的说法，笛卡尔在德国见到异象后的九年间“除了在世界浪游……什么也没做”(6.28)。在此期间，他主要是在法国之外游历。接触异国风俗和信仰或许可以帮助他远离年轻时沾染的偏见和谬误，他也可积累经验，成熟自己的心智，为“最重要的任务”——发现哲学的可靠原则——作必要的准备。至少《方法谈》声称，这些旅行在他的思想发展历程中发挥的正是如此的作用。

《方法谈》没有提及旅行的目的地，也没有叙述途中的见闻。笛卡尔写的不是那类自传，记录的不是作者生活中的事件，而是个人自我教育的历程，并借此讲述各门学科的结构。正如上文所说，笛卡尔在故事的开端表达了他对学校教育的不满，并宣布发现了一种能够纠正其所有弊端的方法。接着，他记述了自己用这种方法在数学领域取得的一些成功。他意识到，在将其推广到其他学科之前，自己必须先迂回进入哲学，而哲学研究要求他积累更多的经验。这些内容构成了《方法谈》六部分的前两部分。在其余的部分，他描述了自己最终准备好进入哲学领域时发生的事情：他成功地发现了自己寻找的原则，重新开始将方法应用于其他学科——物理学、构造学[1]，以及最终的人文学科。

虽然《方法谈》在表面上是按时间顺序展开的，笛卡尔叙事的真正模式却是讲授各门学科的理想化顺序。首先是“逻辑学”，表现为新方法的四条箴规，然后是数学，然后是哲学，接下来依次是物理学、构造学、医学和道德学[2]。笛卡尔提及自己的旅行，主要不是为了汇报1619至1628年间的经历，而是试图展示他在怎样的限度内推进自己选择的方法，纠正以前相信的观念。正因如此，这些记述能嵌入他的大框架。我们已从《方法谈》中得知，他采用的手段是摒弃自己学过的东西中有任何疑问的任何内容。这种路子很容易让人觉得，在清除偏见的过程中他无非是在重走怀疑主义者[3]的老路，采取破坏性的怀疑立场，使得**一切**信仰都无立锥之地，那样做无疑会在实际事务中丧失行动能力。为了避免这样的误会，笛卡尔在《方法谈》中强调自己**同时**过着两种生活：拆除旧有的观念，同时在旅行中积极地参与生活。他解释说，这两种方式之所以能并行不悖，是因为在自我教育的这个拆毁阶段，他特别保留了一套临时性的道德规

---

① 构造学（mechanics）在笛卡尔的学科体系里研究的是物质形成植物体、动物体和人体的方式，参见第十八章，因此mechanics在此书中不能按常规译成“力学”或“机械学”。

② 道德学（morals）并非一般意义上的伦理学（ethics）。笛卡尔是以一种机械论的方式来解释人的欲望与意志、身体与灵魂的冲突的。参见第十八章。

③ 怀疑主义者（sceptics）原指古希腊与怀疑主义（scepticism）相联系的哲学家。怀疑主义者对人能否发现真理既不加以肯定，也不加以否定，持一种怀疑的态度。但从中世纪开始，这个词的重心转移到了对宗教真理的怀疑，因而对于教会而言，怀疑主义者都是可能威胁到神学信仰的危险分子。

范，继续信奉天主教的教义，并认可故国法律习俗的效力。在如此广泛质疑自身信仰的同时，若要有效地行动，他就必须依靠所有这些东西。

他把这套临时道德规范和宗教比做拆毁和重建房屋过程中的临时居所（6.22）。如果我们不想把笛卡尔批评自身信仰的计划视为半心半意的举动，就必须严肃对待这个比喻。一旦我们找到了永久的家，临时居所就是可以摧毁的，至少是可以抛弃的。同理，一旦各门学科的主体架构搭建起来，笛卡尔那套四平八稳的道德规范就应当得到修正、批判甚至抵制。至于宗教的所谓真理，**开始**可以姑且相信，而后则必须在创建可靠哲学原则的过程中予以验证。但据《方法论》的说法，笛卡尔最初毫无保留地接受了这套道德和宗教，然后才开始拆解自己的其他观点。

“我想，若要达成此目的，与他人交谈比把自己关在那间暖房中沉思效果当更迅速，于是我便在［1619—1620年］冬天快结束时重新踏上了旅程。”（6.28）在接下来的九年中，笛卡尔的确去过不少地方，但绝不是像《方法谈》所说的那样，在1626年至1628年落脚巴黎之前，他一直都在浪游，我们也不清楚他是否真的通过“与他人交谈”来测试自己的观点。假使笛卡尔相信其他人和自己一样，也是可疑学问的传声筒，我们无论如何都难以相信，他真的认为交谈可以帮助他纠正自己的看法。而且，在他的描述中，根除错误的过程总是独自完成的。我们不禁要问：对于他的目的来说，继续待在暖房里沉思为何不如回归社会有效呢？到了最后，读者必须把《方法谈》中的种种声明——他都做了些什么，做了多少次，为什么要做，等等——都当做寓言里的说法而已。笛卡尔也的确是把这本书当做寓言献给读者的

（6.4）。

离开暖房时，笛卡尔很可能并**没有**推迟科学研究的打算。虽然《方法谈》称，他必须先完成自己在哲学领域发现的一项使命，然后才能将自己的方法用于代数和几何之外的学科，但他是否真的没有急于应用这种方法，或者他是否真的为自己设计了一项哲学使命，我们难下定论。或许在移居巴黎之后，他才清楚地认识到研究形而上学的必要，那时他离开德国已经六七年了。至于推迟在纯数学之外应用他的方法，现存的这一时期的笔记中就有反证：1620年，这一方法已经用于确定制造望远镜镜片的原则。而且我们知道，年轻的笛卡尔总是害怕事业未竟自己就已夭亡，这样的恐惧更可能促使他加快而不是拖延工作的进度。九年间他动笔的著作都未完成，可能不是因为韬光养晦，等待思想成熟的时日，而是因为他尚不具备实现目标的能力。

在1619至1620年这个重要的冬天之后，他又去了哪些地方，我们所知甚少。他很可能重新当起了志愿兵，与巴伐利亚大公的军队随行。1621年，他可能加入了另一支军队，穿过了西里西亚和波兰。笛卡尔这一时期的笔记讲述了他和男僮在弗里西亚旅行时发生的戏剧性事件。他租了一艘船，船上的水手企图谋财害命，可是笛卡尔偷听到了他们的谈话，拔剑威胁说，如果他们敢动手，就杀了他们，水手们只好屈服了。

1622年，笛卡尔回到法国，在巴黎停留了一段时间，又和亲戚们在布里塔尼住了一阵。1622年5月的一封信显示，父亲给他的一些财产在当年被卖掉了，换来的钱确保了他以后衣食无忧。1623年3月，他动身去意大利，在那里旅游了两年多。他最先去的地方之一就是劳莱托圣母祠[1]。此前他曾发誓去那里朝圣，作为1619年领受异象的感恩回报。他还游历了罗马和佛罗伦萨，然后取道阿尔卑斯山回到法国，这时很可能是1625年5月。据说回国后他本有机会购买沙泰勒罗[2]的中将职位，但高昂的价格让他咋舌，于是只好婉拒了。1626年，他在巴黎安顿下来，除了偶尔到乡间远足，接下来的三年他都在那里度过。

① 位于意大利劳莱托。据称1291年众天使将圣母玛丽在拿撒勒的房子搬到了这个城市，圣母也亲自向信众显形。1294年，房子突然消失，一位叫范吉帕尼的人在原地仿建了一座房子，从此成为天主教的一个著名圣所。

② 法国西部城市。

第六章

巴黎岁月

笛卡尔移居巴黎时，已年近三十。在离开德国后的六七年里，他在建设自己的“奇妙科学”方面几乎一事无成。在巴黎，他的研究活动依然零散，缺乏中心。《方法谈》的第三部分没有明确区分在巴黎居住和在别处旅行的经历，但有两段文字或许与巴黎岁月有关。笛卡尔在其中一段里说，在他九年的游历中：

> 我继续练习我为自己制定的方法。除了在总体上注意按其法则进行所有的思考外，我时常拨出一些时间专门用它来解决数学问题。我还把它用于一些大致能转换为数学形式的其他问题。
>
> （6.29）

这里所说的“数学问题”或许是倍立方体和三等分任意角的问题。笛卡尔的解法即使不是在巴黎想出来的，至少也在那儿向数学家克劳德·密多治[1]和塞巴斯蒂安·哈迪展示过。“其他

---

① 克劳德·密多治（1585—1647），法国数学家，在光学和锥体几何方面成就较大。

问题”大概是为某些镜片设计最佳曲度的问题。我们知道，他在巴黎的时候研究过理论和实验光学，有时合作者就是密多治。他还结交了一位名叫费里埃的镜匠，后来曾试图让他做自己的助手。

第二段可能与巴黎岁月有关的文字出现在第三部分末尾。笛卡尔在这里解释说，对于各种思想之争，他一直保持中立态度。在旅行中他扮演的是旁观者而不是参与者的角色；在私下沉思时，他也重在批判自己的想法，而不是构建什么理论：

> 九年之中……对于当时博学之士普遍争论的问题，我没有参与任何一方，也没有试图在普遍接受的哲学基础之外寻求更可靠的基础。曾有许多智力卓越之人有过这样的计划，却没能取得我所认为的成功，这让我觉得其中的困难太大，如果不是注意到有人散布谣言说我已完成此计划，我断不敢如此匆忙地开始。

（6.30）

他接下来说，自己并没有为谣言提供任何口实，可是既然它已经盛传，自己就要让它名实相符，真正着手为新哲学打下地基。

笛卡尔所说的“博学之士普遍争论的问题”究竟指什么？我们知道，1624年8月曾有一千余人聚集在巴黎的一座大厅里，准备聆听一场以反对亚里士多德的十四条论纲为内容的公开辩论。但是官方下令阻止了辩论。后来，在索邦大学①的要求下，官

① 创立于1253年，早期是神学院，因而是宗教势力的中心。

方更是发布禁令，不允许讲授任何质疑古代博学权威的观点。对亚里士多德的批判，乃至对笛卡尔和法国知识阶层所接受的整个经院教育体系的批判，在17世纪20年代逐渐形成了声势。巴黎的民众欢迎这样的批判，因为他们对蔑视权威、放纵不羁的文学作品有超强的胃口，对哲学和神学中任何颠覆性的想法大概也很偏好。笛卡尔游历意大利期间，堪称当时头号讽刺诗人的泰奥菲勒·德·维奥[①]接受了一场旷日持久的审判。当笛卡尔于1626年移居巴黎时，人们对此仍记忆犹新。审判把这位诗人变成了某种英雄人物，很可能也为艺术领域的叛逆作品和哲学界的前卫思想创造了一大批崇拜者。

无论在公开场合摆出何种姿态，对批判经院哲学的声浪或者在同时代知识阶层中日益流行的无神论思想，笛卡尔不可能无动于衷。他自己同样对经院教学体系深感失望，结交的朋友中也有许多急于把上帝信仰改造得更具思想性、更受人尊重的天主教人士。其中一位是小兄弟会[②]修士马兰·梅森[③]，他比笛卡尔年纪稍长，在拉弗莱什公学就读的时间与笛卡尔部分重合。梅森在1624年和1625年出版了两本论战著作，既反对"放纵派"[④]

---

① 泰奥菲勒·德·维奥（1590—1626），法国诗人、剧作家。

② 方济各会修士保拉的圣弗兰西斯（St. Francis of Paula）于1435年创立的托钵修会，从属于方济各会（创立者是St. Francis of Assisi）。

③ 马兰·梅森（1588—1648），17世纪法国重要的神学家、数学家和思想家，近代声学的奠基人。

④ "放纵派"是对16世纪晚期至17世纪一些反传统、非主流的思想家的蔑称，并无严格定义。主要代表人物有蓬波纳齐、卡尔达诺、布鲁诺、康帕内拉等。反对者认为他们及其传统信徒藐视宗教传统，不相信天国的存在，生活放荡堕落。

的不虔敬言行和无神论倾向，也反对从哲学上质疑科学可能性的论调。他写书批判“放纵派”，是因为泰奥菲勒在受审期间赢得了广泛支持。出版反怀疑主义的著作，是为了驳斥否定经院教学传统的一种论调。有人认为，经院式的物理学、逻辑学和数学都已经破产，因为科学本身——稳定的系统的知识——是人类能力无法企及的。梅森在反击时指出，数学至少在人的能力范围内，而且配得上“科学”之名。我们会发现，笛卡尔最负盛名的《沉思集》就是专门讨论梅森这两本书的主题的，但那是后话。

笛卡尔在巴黎时肯定知道围绕无神论和怀疑主义的争论，但他很可能没有卷入。他离开巴黎后，梅森仍随时向他通报争论的最新进展，尤其是与怀疑主义有关的部分。从17世纪20年代末期开始，梅森就成了笛卡尔主要的通信者，也是他的宣传者、资料搜集者、著作经纪人、社交秘书，还偶尔扮演科学合作者的角色。笛卡尔在巴黎时能结识不少当地的科学家和数学家，很可能也靠了梅森的介绍。在此阶段，笛卡尔与另外一些教会人士也过从甚密，而且无疑受到了他们的影响。纪尧姆·吉比厄弗[①]是巴黎新成立的在俗司铎修会[②]的成员，他在一定程度上塑造了笛卡尔对人的意志和上帝意志的看法。笛卡尔最终答应致力于哲学的改革，是由于与该修会有联系的一位红衣主教皮埃尔·贝律尔[③]向他提出了要求。

---

① 纪尧姆·吉比厄弗（1583—1650），著有《论神与人的自由》。

② 圣菲利普·内利于1575年创立的天主教修会，由在俗司铎（神父）组成。

③ 皮埃尔·贝律尔（1575—1629），法国反宗教改革的代表人物，在政界很有影响。

贝律尔萌生这个想法是在听了笛卡尔一次出色的演说之后，当时笛卡尔应邀评价一篇批评经院哲学的谈话。大约在1627年秋，一位名叫尚杜的炼金术士在教皇使节的巴黎官邸发言，笛卡尔和贝律尔都在场。尚杜的演说很有说服力，除了笛卡尔，所有听众都报以热烈的掌声。贝律尔请笛卡尔回应，结果笛卡尔的演说更胜一筹，大家都被他的观点征服了。笛卡尔虽然和尚杜一样认为经院哲学应当被取代，却坚称任何取代它的东西都应遵循一种能够引向确定性的推理方法，而不能仅提供可能性较大的结论。笛卡尔似乎演示了一番这种新方法，他在1631年的一封信中回忆那次演说时，提醒当时也在场的埃提安·德·维勒布莱修说，"当我被迫对着聚集在使节官邸的那些饱学之士发表看法时，你亲眼见到了用我优越的'自然方法法则'[①]得到的两个结果"(1.212)。也许笛卡尔的演示使得流言不胫而走，说他已发现了哲学的新基础。

事隔不久，贝律尔就私下找笛卡尔谈话，后者向他保证，自己会按新方法的要求全力改革哲学。为了履行承诺，笛卡尔开始写作《法则》。既然描述新方法并将其应用于数学之外的学科早已列入他的研究日程，他就并不算是在从事一项全新的任务，只不过是下定了实施原有计划的决心。但他仍然为这项严肃的工作进行了一些准备。1627至1628年冬天，他暂时隐退，离开了时尚的巴黎圈子——在那里，他曾在间歇性的科学研究之余享受交游的快乐。以1628年离开巴黎去荷兰为标志，此后的一段时间他都是深居简出。

① 自然方法法则极有可能指的是第四章中介绍的处理问题的基本法则。

第七章

秘而不宣的物理学

1618年，笛卡尔的精神觉醒就发生在荷兰，如今重返故地，他很可能感觉到了其他人对自己寄予的厚望。不仅是贝律尔，巴黎还有许多人也被他的才能折服了，都对他的新作翘首以盼。在巴黎的时候，笛卡尔写过一些论著，但都半途而废（参考1.135），现在他开始写一本小书，自己估计几个月就能完成。

为了避免打扰，他格外谨慎，直到1629年9月才在荷兰最北面靠近弗拉纳克的地方选定了住所。他在1630年11月写给梅森的一封信（1.177）中说，自己已动笔写“关于形而上学的一本小书……我的主要目标是证明上帝的存在，证明灵魂能独立于身体而存在，然后自然就能推出灵魂不朽的结论”。和以前的许多作品一样，这本形而上学的小书也半途而废。1630年5月，笛卡尔似乎动了另一个念头，因为梅森曾在信中提到一本“邪恶之书”，很可能是偏向无神论的，笛卡尔想把自己回应的文字整理成书，但这个计划也放弃了。

到达荷兰之后不久，他还有过另一个设想，若能成功，他就不必出版什么书了，但这个计划需要一位巴黎的镜匠让·费里耶的合作。笛卡尔极力引诱费里耶来荷兰，告诉他自己设计出了一种切割望远镜镜片的神奇机器，并把数据明细都寄给了他。倘若这种机器和这种镜片制造成功，笛卡尔的名声很可能早就确立了。然而，费里耶不为所动，制造机器的计划只能搁浅。

笛卡尔启动的第三个项目更雄心勃勃。他的后半生几乎都在以不同形式实施这个计划。1629年，他开始写一部巨著，希望勾勒出一种能解释所有自然现象的统一学说。这部作品直到他死后才出版，第一部分名为《世界/论光》，第二部分名为《论人》。在他生前，《世界/论光》中阐述的那种物理学理论是教会所禁止的。由于他决定暂不发表这一部分，《论人》也同样被搁置起来。但他从未放弃这个计划。虽然他的活跃阶段并未全部用于这部巨著的写作，但另外的这些时间，他也在为推出书中物理学部分的删节版创造适宜的条件。

1630年着手写《世界》的时候，笛卡尔觉得自己的自然理论纲要很快就能完成。他原计划在1633年初把定稿寄给梅森，结果未能如愿，直到1633年7月他还在进行修改。更糟糕的是，当书终于准备付印时，笛卡尔却听到伽利略因为宣扬地动说（在《关于托勒密和哥白尼两大世界体系的对话》中）而被宗教裁判所判刑的消息[①]。《世界》也包含了地球运动的假设，而且在不破坏全书体系的情况下很难删除。由于害怕遭受和伽利略一样的命运，笛卡尔于1634年写信给梅森说，他放弃出版了。

但《世界》似乎借尸还魂了。《方法谈》第五部分其实都是在介绍这部著作和它的姊妹篇《论人》。后来，笛卡尔还会在他的

① 伽利略被罗马教廷判处终身监禁，著作被焚毁。

《哲学原理》中嵌入更多《世界》里的内容。

从保存下来并在他身后出版的原稿看，笛卡尔在《世界》里几乎等于是在**断言**地动说。这部著作的文学外壳帮了他的忙。正如在《世界》取消出版三年后问世的《方法谈》里所做的，笛卡尔在此书中也声称他只是在讲一则寓言，一个关于某个想象的宇宙如何运行的故事——虽然这个宇宙看起来与实际的物理世界没有任何差别。

《世界》的第六章和第七章描绘了这个想象的宇宙以及统治它的定律。笛卡尔先是邀请读者设想从一个向各方无限延伸的想象空间中的某点来审视这个宇宙，就像在一个远离陆地的大洋中的某点观看这个大洋。然后，读者需要想象上帝创造了某种无以名状的物质，填满了空间的每个角落。在笛卡尔的物理学中，一个完全被物质充满的宇宙是最具特色的想法。笛卡尔知道，它对传统的教条和读者的常识都是一种挑衅。比如，这种观念让他假设在空间的任何部分都存在着一种不可感知的精微物质，因而在这个空间里，感官不能见到或触到任何东西。但是笛卡尔相信，假设这样一种不可感知的物质形式比坚持“自然厌恶真空”的传统原则更能自圆其说，如果放弃宇宙被完全充满的想法，后者就得被援引来解释某些现象。笛卡尔假定，物质占满了所有空间，它的各部分都处于持续的运动中。宇宙任何部分的运动都意味着该部分的物质包正在即时交换位置。他认为，在这种即时交换中，物质会以圆形的轨迹运动，理由在于一个移动的物体不会排开所有的物质，其排开的物质刚好能填满它腾出的空间，从而形成一个圆形的路径，起点就是最初移动的物体所在的位置。在《世界》中，这种圆周运动被比做池子深处的一条鱼的运动：鱼鳍划动会排开周围部分的水，而不是整个池子里的水，排开的水又会把鱼不断腾出的空间填满。

笛卡尔规定，这个想象宇宙中的这种物质的本性必须能被完全理解，它的所有属性和所有形式在人的智力看来不能有任何模糊之处。根据这一规定，他认为自己所想象的宇宙是这样的：

> 没有土、火或空气构成的形体，也没有任何像木、石、金属之类更具体的形体。我们还需设想这个宇宙没有任何冷、热、干、湿、轻、重的属性，也没有味道、气味、声音、颜色、光或其他任何使得所有人无法透彻知晓某物的属性。
>
> （11.33）

在排除所有这些因素时，他依靠的是在《世界》开篇引入的论证。这些论证是为了表明，在形体和属性的问题上，无论是常识的观念还是经院的理论都有许多含混晦暗之处。

说明了想象的宇宙中物质不应具备的一切特性后，笛卡尔列举了这种物质可以拥有的形体。它“可以划分为尽可能多的部分，这些部分可以具备尽可能多的形状，而且……我们能想象出多少种运动形式，它的每一部分就可以拥有多少种”（11.34）。笛卡尔要求读者和他一起设想，他描述的这种物质不仅可以分割和区分，而且上帝事实上也分割了它，他所创造的任何差异都包含了“他赋予各部分的运动的多样性”，也即各部分在运动的速度和方向上的多样性。

笛卡尔接下来描述了他的“自然定律”，即在拥有长、宽、高

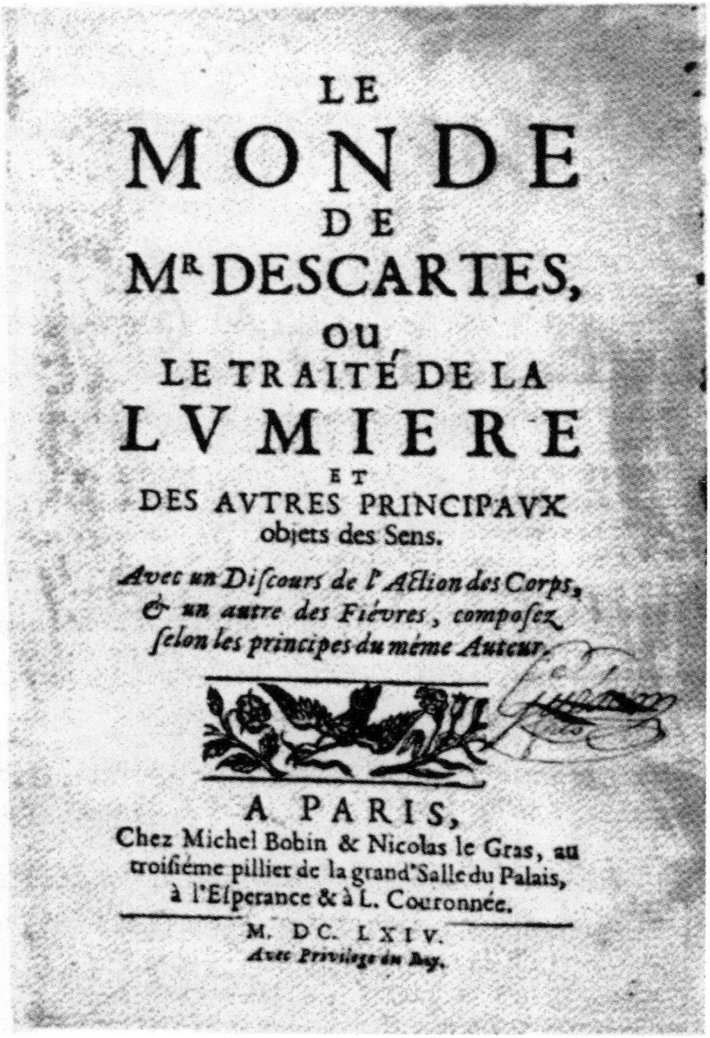

LE
MONDE
DE
MR DESCARTES,
OU
LE TRAITÉ DE LA
LVMIERE
ET
DES AVTRES PRINCIPAVX
objets des Sens.

Avec un Discours de l'Action des Corps, & un autre des Fiévres, composez selon les principes du méme Auteur.

A PARIS,
Chez Michel Bobin & Nicolas le Gras, au troisiéme pillier de la grand'Salle du Palais, à l'Esperance & à L. Couronnée.

M. DC. LXIV.
Avec Privilege du Roy.

图3　笛卡尔《世界》的标题页(该书写于1629—1633年，直到1664年才出版)

以及具备特定形状、以不同速度运动的各部分的前提下，物质的行为必须遵循的三条法则。第一条定律称，除非与另一部分相撞，每一部分物质将保持其最初的形状、大小以及运动或静止的状态（11.38）。第二条定律称，任一部分物质通过碰撞所获得的动能[①]与碰撞的另一方所失去的动能相等（11.41）。第三条定律称，任何运动物体都**倾向于**保持直线运动，尽管它们实际上做的是圆周或曲线（发生碰撞的情况下）运动（11.43）。《世界》宣称，解释在无生命世界所观察到的任何现象时，无须赋予物质除广延和运动之外的任何属性，也无须在这三条基本定律之外添加任何定律来描绘自然界最普遍的现象：诸如物质因碰撞而产生的分裂、变形和积聚，以及动能的增加或减少（参见11.47）。

虽然笛卡尔同时把广延和运动的属性赋予了物质，其实只有广延（三维的空间布局）才是其本质属性。他从未说过物质必须拥有运动的部分，他只是认为，如果物质拥有可以通过运动来区分的部分，我们在现实中观察到的自然现象就是理所应当的。他特别提出，如果在一个不存在真空的世界里，物质的各个部分可以通过不同的圆周运动加以区分（参考11.19），那么其现象将和我们所观察到的完全一致。笛卡尔把行星的轨道与速度等天文现象归于一种圆周运动，这种运动与一个旋涡在宇宙物质中的作用相似。这样，行星就是被一个以太阳为中心的旋涡裹挟着运动。地球自身的旋涡运动解释了为什么虽然地球在自转，其表面的物体却不会从切线方向被抛出去：旋涡作用会

① 注意此处的“动能”（motion）并非后来物理学使用的术语“动量”（momentum）或“动能”（kinetic energy），而只是笛卡尔描绘运动活跃程度的一个提法。但如按字面译成“运动”，在中文里并不妥。

让其表面的所有物体有坠向旋涡中心(地心)的趋势。与此相似,行星也不会被环绕太阳的运动扔向空间,而会受到**它们的**旋涡中心的吸引。

笛卡尔担心触怒罗马宗教裁判所的正是这些关于行星运动的论纲。当时教会唯一允许讲授的是经院哲学从亚里士多德那里继承的理论,该教义认为地球是天穹不动的中心。《世界》中还有其他一些无疑会令罗马天主教廷不悦的观点。例如,书中规定,一旦上帝将最初的运动赋予物质,他就不再进一步干预自然界的进程,只按照这三条自然定律维持其运行。换言之,不会有神迹来打断自然的进程(11.48)。这类主张足以让反对者告他不虔敬。

要使教会容忍他的物理学,他或者需要按照教会的意愿作出修改,或者掩饰其危险的后果,或者将整套理论建筑于某种教会中最顽固的反对者都无法反对的原则之上。最终,在《沉思集》和《哲学原理》中,笛卡尔选择了第三条道路。他竭力证明,物质世界的科学知识仰赖于一种与身体截然区分的心智或灵魂,而心智或灵魂若要掌握合理物理学的原则,必须先认识上帝。但在短时间内,他决定有选择地描述《世界》中的内容,只是粗略地勾勒自己的科学方法,而不详加阐释。

第八章

一种方法的三个样本

决定不出版他的物理学著作之后，原本作为《世界》续篇的《论人》也必须搁置了。《论人》主要讨论人的本性，或者说在他的物理学著作所描绘的想象世界中生存的“人”的本性。书的结构很简单。笛卡尔计划先“单独描述身体，再单独描述灵魂，最后再描述这两种本质必须以怎样的方式结合才能构成一种与我们相似的人”（11.120）。

“单独描述身体”的章节中有部分内容是以笛卡尔1630年就开始写的一篇光学著作为基础的，现在这篇旧作被重新翻出来，并可能有所扩充。到了1635年它已经具备书的雏形了，名为《屈光学》。另外一篇早在1629年就开始筹划的长文也准备以《气象学》为名发表，文中探讨了包括“风和雷的成因”以及“彩虹的颜色”在内的许多问题（参考1.338及下文）。笛卡尔打算出版这两篇著作，作为展示自己方法的样本。另外一篇独立的著作《方法谈》，也就是前面提到的仿自传作品，将专门介绍这种方法及其在两本书中的应用。《气象学》大概在1636年末交到了印刷商手里，笛卡尔在此之前可能已经完成了方法的第三个样本——《几何学》。他最后才写《方法谈》。这四篇作品整理之后于1637年合并为一本书出版。

《方法谈与论文选》和其他三篇作品的文学外壳解决了此前阻碍笛卡尔出版的许多问题。首先,他不擅长写大部头著作,他所选择的形式让他可能以类似作品集的方式把几本最能代表自己水准的小书展示给世人。其次,他不愿冒险触怒教会,由于采用了这种把反映自己工作成果的样本逐步展示给世人的做法,他可以在宣传新方法的同时无须泄漏那些关于行星运动的有争议的理论。最后,他知道在巴黎的崇拜者期待自己继续推进他们在20年代就已瞥见的工作,这些光学、几何学和气象学的著作不会令他们失望。笛卡尔在巴黎时曾与密多治和梅森合作从事光折射的研究,《屈光学》在此方面取得了丰硕的成就。他在给费里耶的信中描绘过的切割望远镜镜片的机器也在这本书中有了具体的设计。他曾私下向密多治和哈代展示的几何难题解法也在《几何学》中详细地公布出来。《气象学》则公开了笛卡尔在写作《世界》之前(或许是在巴黎的时候)似乎就已经表述过的一些假设。

1637年2月的一封信(1.347)表明,梅森曾催促笛卡尔在出版《方法谈》的时候也一并发表自己的物理学,以免公众无限期地等待他的新作。笛卡尔婉拒了这个建议,他并没有放弃出版物理学著作的希望,但他还在企盼更宽松的文化气候,并认为《方法谈与论文选》有助于创造合适的条件。在私下分发自己的书时,笛卡尔在其中一本前面附上了一封信,声称出版这些作品"完全是为了"替他的物理学扫清道路。

这三篇作品里有些什么?《屈光学》探讨了光、视觉和改善视力的人工方法。之所以叫《屈光学》,是因为它的主题是光的折射,而不是反射。笛卡尔已经在《世界》末尾详细讨论过光的本质,而在《屈光学》中,第一章就是讨论这个问题的。笛卡尔央求读者对这三篇作品发表评论，提出问题和反对意见，或许他希望有人请求他详细阐释《屈光学》里的光理论，这样他就有了透露《世界》部分内容的借口。

《屈光学》第一章在探讨光的本质时似乎欲语还休："我无须说出它的本质是什么，或许作两三个比较就够了……"(6.83)笛卡尔把光穿越空气等透明物体的作用与物体抵抗盲人手杖的作用相比较，还把光呈现出不同颜色的现象与一只球在不同纹理的表面弹跳相比较。借助这些比较，笛卡尔表明自己接受了将所有感觉表象归因于运动物体之相互接触的解释思路。他的比较有时造成了不幸的后果，例如迫使他错误地声称，光所穿越的介质密度越大，穿越的速度就越快。英国哲学家霍布斯[1]、法国数学家费马[2]和罗贝瓦尔[3]很快就批驳了笛卡尔光学理论的这个隐含结论，他关于光的本质的其他一些说法后来也受到了各种批评。

然而，《屈光学》开篇的这些比较却准确地导向了折射的正弦定律，该定律从总体上确立了光的折射与光所穿越的介质密度之间的关系。(我们尚不清楚，这条定律是笛卡尔本人发现的，还是取自荷兰科学家斯涅尔，学界一般把该定律归到后者名下[4]。)《屈光学》的后面各章讨论了眼睛的结构、距离的感知以及望远镜和显微镜镜片的最佳形状和搭配。

---

① 霍布斯(1588—1679)，英国17世纪著名的哲学家和政治思想家，有《论物体》、《利维坦》、《论人》、《论社会》等著作。

② 费马(1601—1665)，法国数学家，和笛卡尔一起创立了解析几何，和帕斯卡一起奠定了概率学基础，并提出了著名的"费马大定理"。

③ 罗贝瓦尔(1602—1675)，法国数学家，在曲线几何方面有重大成就。

④ 光的折射定律一般被称为斯涅尔定律。斯涅尔(1591—1626)，荷兰数学家、物理学家。

《气象学》分成十篇，涉及许多主题：地面物体，蒸汽和升气①，盐的本质，风、云、彩虹、雪、冰雹、风暴与其他现象。除了彩虹成因的理论外，《气象学》最大的亮点是其简洁而一致的解释方式。在《世界》的第五章，笛卡尔开始描绘他的想象世界，其构成物质只具备运动、大小、形状等属性和各种特定结构(11.26)。在《气象学》中，他决心按同样的原则来解释一些更明确、更具体的现象。采用这种做法的不止他一人，伽利略以及后来的玻意耳②和牛顿大体上都用的是同一种工具。因此，《气象学》只是展示如何用物质和运动来解释自然现象的多个样例中的一个。但是笛卡尔却更愿意把这种解释方法视为自己的专利。在反驳巴黎法兰西公学院③教授让-巴蒂斯特·莫兰④对《气象学》的指责时，他说了下面这番话：

你必须记住，纵观物理学史，过去的人们仅仅会想象一些原因来解释自然现象，几乎从未取得过成功。将我的假设与其他人的假设相比，将他们的"真实属性"、"实质形式"、"元素"和无数其他假设与我的假设相比——我的假设只有一条，那就是所有物体都由部分构成……将我基于这一假设作出的推论——关于视觉、盐、风、云、雪、

① "升气"(exhalation)指类似水蒸气的向上升的可见气体。笛卡尔在《气象学》中说，他也不知道用什么名字来形容这类气体，姑且称为exhalation。

② 玻意耳(1627—1691)，英国化学家和自然哲学家，以研究气体性质而闻名，是近代化学的奠基人之一。代表作是《怀疑派化学家》。

③ 法兰西公学院（Le Collège de France）是法国历史最悠久的学术机构，成立于1530年，比法兰西学术院(L'Académie Française)和法兰西学院(L'Institut de France)都早。

④ 让-巴蒂斯特·莫兰(1583—1656)，法国数学家、天文学家。

雷、彩虹等等——和他们在同样的问题上基于他们的假设所作出的推论比一比！

（2.196）

这样，他等于是在声称，自己正以一人之力拆除整个经院物理学的过时架构。

他所鄙夷的那种解释方式总是将各种事物显现出来的属性归于种种本性或形式[1]，正是这些本性或形式决定了事物的类别。支撑这种解释方式的理论不假思索地认为，本性天然是有秩序的、稳定的，每种事物由于其本性的决定作用，都表现出与之相应的特定行为和变化方式。按照这样的思路，石头之所以"应当"向宇宙的中心坠落，是因为此乃石头的本性。天体的本性就是有规律地、永恒地运转，橡子的本性就是长成橡树。对于可观察到的物体来说，除了偶然发生的事件，它们的一切行为都可追溯到某种潜藏的、稳定的本性或形式，而每一种人可感知到不同于他物的事物都有不同的本性或形式。如果一种事物的行为无法归因于它的形式，那就必须归因于它的构成材料或者它变成此类事物所应当满足的那种目的[2]。若人们发现了某些物质的新属性，他们只能采用一种特殊的解释，把新属性添加到这些物质天然具有的性质或形式当中。莫里哀[3]就曾用

① 此处的"形式"（form）不是指事物的外显形体（external form或者shape），而是指某物之成为某物的属性集合体构成的稳定"模子"，在一定程度上也与柏拉图所说的"理念"（form）有相似之处。

② 参考亚里士多德提出的四种"因"：质料因、形式因、动力因、目的因。

③ 莫里哀（1622—1673），真名为让-巴蒂斯特·波克兰，法国新古典主义喜剧的创建者，代表作有《伪君子》、《愤世者》、《悭吝人》等。

一位医生的故事来嘲笑这种解释方式，那位医生说，鸦片之所以能帮助人们睡觉，是因为它有催眠的效力。笛卡尔在1642年的一封信中说，虽然自己在《气象学》中并未直接否定或抛弃这些所谓的“效力”或“性质”，但他发现，“自己的解释根本用不着这一套”（7.491）。

他只用了“一个假设”，但《气象学》的成就表明，它比经院物理学关于形式和性质的全部假设还要有力量。在书的开头，笛卡尔仅仅考虑了物质构件的形状和组成，就推导出了固体和液体的形成过程。在解释光的传播时，他设想了一种非常精微、感官无法知觉的物质，它散布于液体和固体的极其细小的“毛孔”中，这种物质产生的热量与太阳光激活它的程度成正比。以这个假设为基础，笛卡尔解释了为什么人觉得白昼比夜晚暖和，为什么越接近赤道也越暖和。他提出的其他一些假设也借助了这种精微的物质。例如，他说该物质在物体毛孔中的运动使得物体的部分与整体相脱离，并上升到空气中，于是形成了蒸汽。盐是由长而硬的微粒组成的，在水中时它们不会蒸发，因为它们太重，不能轻巧地浮在空中。用沙过滤就能提取海水中的盐，是因为沙的微粒只让水的微粒通过，却拦截了长而硬的盐微粒。《气象学》前面的“谈话”部分就是用这种系统的方式来解释各种现象的。

然而，笛卡尔在这一部分的说法并非都是准确的，远远不是。水加热到沸点之后再冷却更易结冰——笛卡尔提到的这个“事实”根本不是事实；他的一些“解释”也很容易被实验驳倒。在彩虹的问题上，他相对比较成功，因为掌握了折射定律的他即使无法说明彩虹颜色的排列顺序，至少也能解释彩虹为什么是弧形。

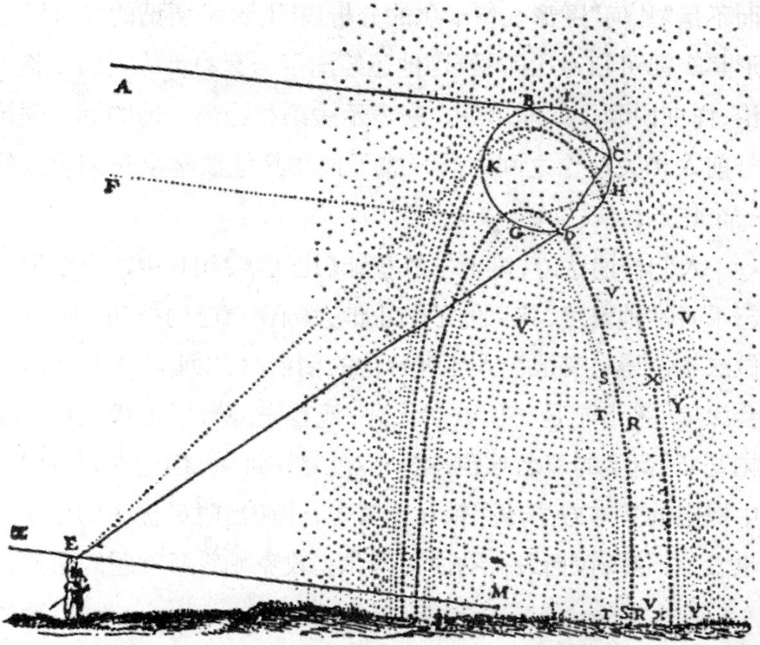

图4 《气象学》中对彩虹成因的解释

在介绍这三篇著作的目的时(9B.15),笛卡尔称,《屈光学》是为了吸引人们注意他的科学所催生的一门有益的技艺(制造望远镜的技艺);《气象学》是为了向读者展示,在经院物理学反复讨论的一些领域,使用新假设可以取得远为丰硕的成果;“而在《几何学》里,我的目标是告诉大家,我发现了前人所不知晓的几样东西……”(9B.15)

笛卡尔认为,第三篇著作包含了他最杰出的成就。我们在介绍《法则》时,已经提到他改进了数学的表示法,也改变了关于二次方、三次方以及高次方运算的通行观念。他的另一个创新点是设想了一种绘制曲线的机器。前人的看法是,某些曲线无法用严格的几何方法绘制出来,因此只能称为“机械”图形,而不是“几何”图形。笛卡尔的分析表明，许多所谓的“机械”图形其实都可归为几何图形。他还给出了一套关于等式的完整理论，详细说明了如何用等式来表示线条和图形。他的等式理论与前人相关理论之间的渊源成了他和其他数学家长期论战的一个焦点。

人们普遍认为，笛卡尔故意让《几何学》和其中的方法显得超乎寻常地繁复，其目的是防止他人剽窃自己的技巧。但这一做法也使得只有很少人能理解他的创新。《几何学》的读者无疑会深信，笛卡尔是一位数学天才：他首先破解了古代几何学家帕普斯[①]留下的著名难题，这一点就足以证明。但他在《几何学》中提出的基本方法却深锁在迷雾中，即使当时最优秀的数学家也大惑不解，包括最初劝说笛卡尔去攻克帕普斯难题的那位。

① 3至4世纪几何学家，亚历山大学派最后一位大师，曾给欧几里得的《几何原本》和《数据》以及托勒密的《大汇编》和《球极平面投影》作过注释，并撰写了八卷的《数学汇编》。

第九章

一种新“逻辑”

《屈光学》、《气象学》和《几何学》并不是独立的专著，而是宣传自然科学领域一种新推理方法的广告。笛卡尔相信这种方法足以推导出一套全新的物理学，但他没有不遗余力地去作出如此预言。他希望，通过自己的总体介绍和在这三篇著作中的应用，这种方法的潜力应该不言自明。他过于乐观了。这些著作引起了广泛争议，一些读者觉得他的方法太单薄，经不起推敲。我们会发现，他最终意识到，要填补自己理论的罅隙，必须求助于形而上学的原则。

笛卡尔在这三篇著作的序言中阐述了自己的方法，序言名为《谈谈在科学中正确使用理性、寻找真理的方法》，一般简称《方法谈》。他最初给这篇文章拟的题目几乎一口气念不下来：《关于一种能够最大限度改进我们本性的普遍科学的规划》。梅森建议他用《方法论》这个简明的题目，笛卡尔最后决定用《方法谈》。他坚称，这篇文章算不上“论”，只不过是一则“通知”（avis），告诉读者后面的著作中将要采用什么样的方法。

这则“通知”的形式很不寻常。为了达到“无基础者”也能读懂的目的，笛卡尔没有用拉丁文写，而是用了法文①。乍看起来，这是一篇自传，只不过传主是位不具名的知识分子(《方法谈与论文选》是匿名出版的)。传主生活中的事件仿佛寓言中的情节一样呈现在读者面前，但叙述者的真实身份为何，他们只能猜测。(很快，作者就是笛卡尔这一消息便广为人知。)其他许多东西《方法谈》只是约略提到，正如作者所说，就连作为中心话题的方法也没有详细的阐释。在宣传用的预印本前面，笛卡尔附了一封信，说他在《方法谈》里提出了一种“总的方法，但我其实没有介绍其详情”(1.368)。

他很可能是想等《法则》或者《法则》的某种续篇问世时再全面阐述这种方法。在《方法谈》中，他仅仅列出了四条箴规：

> 第一，任何事情只要我不能确知为真，就不可接受为真。这意味着，不要仓促下结论，不要有先入之见，在作判断时，只考虑那些我清晰明确地意识到没有任何怀疑理由的证据。
>
> 第二，把我考察的每个难题分解为尽可能多的子问题，以便更好地解决它们。
>
> 第三，让我的思想遵循恰当的顺序，从最简单、最易知的对象开始，逐级向上，直至最复杂的知识，即使在没有自然顺序或优先级的对象之间，也要假定某种顺序。
>
> 第四，在整个过程中列举要尽可能详尽，考察要尽可能彻底，确保毫无遗漏。
>
> (6.18—19)

① 在17世纪，欧洲严肃的学术著作一般都是用拉丁文撰写，包括牛顿的《数学原理》和笛卡尔本人的《第一哲学沉思集》。

后三条箴规与我们在前文谈到的《法则》中的第五、六、七条法则完全对应，后者同样强调应将问题分解为子问题，“简单之物”应优先考虑，分析数据时应力求详尽。

那么，这里的第一条原则呢？同样让我们联想到《法则》，其中的第二条法则称，在考察过程中“我们应该只关注那些我们的心智似乎确定无疑地能觉知的对象”（10.362）。在《法则》里，笛卡尔把这些“对象”确定为算术的数字和几何的图形以及与之相关的证明过程（10.364—365），但在《方法谈》中，甚至数学的证明过程好像也成了可以怀疑的东西（6.32）。这不禁让人猜想，《方法谈》第一条箴规所说的清晰无疑是否有了新的标准？他是否不再认为，当人们沉思数学问题时，呈现在他们心中的是最清晰、最不可怀疑的东西？他似乎仍然认为数学是清晰无疑的，但又认为数学的确定性只有在理解了与上帝和灵魂有关的真理后才能正确把握。《方法谈》没有否认数学的清晰性，甚至认为它非常清晰，但它着重指出的是，形而上的东西比数学更清晰。这样，从上下文看，《方法谈》的第一条箴规似乎的确与《法则》拉开了距离，并预设了一种修正过的关于“清晰无疑之物”的观念。

在《方法谈》中宣布新方法的四条箴规时，笛卡尔颇有炫耀之意。他先是声称这些箴规包含了一种全新的“逻辑”，可以取代亚里士多德的三段论（6.17），然后又恭喜自己用如此简洁的一套法则替换了旧逻辑体系。正如我们所见，这种简洁事实上令人尴尬，让读者怀疑他是否真如自己所吹嘘，勾勒出了一种成熟的方法。他的另一种说法问题更大。

他说自己的方法构成了一种新逻辑，到底是什么意思？至少可以这么说：如果我们在研究中只认可这些箴规所允许的结论，那么这些结论就真正得到了证明或验证①。这些箴规之所以构成了一种新逻辑，是因为与亚里士多德关于逻辑证明的理论不同，当笛卡尔认定某个结论无可反驳时，他不是把这种确定性归于前提与结论所构成的形式逻辑关系（或者说前提和结论按照主语和谓语的正确组合法则所搭建的结构），而是归于这些命题对心智的作用——这种经过训练的心智能够达到理想的专注状态，并能冷静自制地作出肯定的判断。如今学界往往认为，将判断命题效力和真假的心理标准引入逻辑学是一种倒退，但与我们的讨论关系更为密切的问题是：按照这种新逻辑的标准，笛卡尔自己在这三篇科学著作中所作的证明是否有说服力？

这个问题也出现在笛卡尔的书信里。梅森问他是否认为自己对光折射现象的解释称得上一种证明，笛卡尔回答说：

> 我认为称得上。在这个领域，如果不先用形而上学来证明物理学的原则（这是我希望做但还没做的），我们就只能做到这一步；解决力学、光学、天文学或任何不是纯粹几何或算数的问题，我们也只能做到这一步。但严格地说，在物理学的某个领域给出几何学那样的证明是根本不可能的。
>
> （2.134）

事实上，正是《方法谈》本身激起了人们的期待，他们开始

① 证明（demonstration）指的是几何式证明那样的演示过程，验证（prove）是以事实或逻辑证实某命题。

盼望物理学领域也能出现几何式的证明，因为笛卡尔在文中提到了一种可能性："人类知识范围内的**所有**事物都以与几何学一直采用的简单直接的推理长链相同的方式彼此连接。"（6.19；粗体为笔者所加）

《方法谈和论文选》出版后，笛卡尔在一些信中说，科学不止一种类型的证据或证明，在《屈光学》和《气象学》中他所试验的是这样一种方式：假设靠着自身的解释力量得到验证或证明（参考1.558；2.196）。声称假设可以用这种方式"验证"或"证明"是完全合理的——只要我们对"验证"或"证明"的定义别太吹毛求疵。但是，笛卡尔提出了一种新逻辑，一种声称可以准确地而不是含混随意地定义何为"证明"的理论，这种逻辑的诸箴规为此类"经验式"证明究竟留出了多少空间，并不那么清楚。

例如，若要接受《气象学》中的许多证明，读者就必须接受以下假设：光是通过精微物质的波动来发生作用的，该物质散布于物体的细小毛孔里。但这种精微物质是否存在，地球上的物体是否有细小的毛孔，光是否靠这种精微物质来传播，所有这些都不是显而易见的。笛卡尔逻辑体系的第一条法则就是，我们在作判断时，只能以那些极其明晰、毫无疑问的事实或概念为基础。此法则似乎已提前取消了《气象学》中那些证明的合法性。

笛卡尔自己很清楚新方法所面临的问题。问题在于，只有纯数学的推理可以真正称得上无可辩驳，一旦推理需要仰赖数学之外的假定（《气象学》或《屈光学》讨论的内容正是如此），它就失去了那种可以摆脱一切争议的严谨性。正如我们所见，笛卡尔在给梅森的信里说，不用"形而上学来证明物理学的原则"，就无法解决这个问题。

他指的是一种抽象意义上的证明。《论文选》为他的原则提供了一种次级形式的证明:在光学和气象学领域,他以这些原则为基础的研究简明而一致地解释了许多现象。但这毕竟没达到预期的水准,因为至少我们可以想象,不同于笛卡尔的原则面对同样的现象或许也能提供同样简明一致的解释。要表明自己这些原则的优越性,最好能有某种独立的论证。

第十章
形而上学之必要

《方法谈》的第四部分扼要地提出了一种独立论点来支持笛卡尔的物理学。该论点的核心是,创造人的是一位至善的上帝,他赐给了人与他自身相似的智力。上帝预先在人的心智里储存了一些“简单”想法,由于他的善,这些想法不可能有错。形成关于物质的正确的总体认识,或者说建立一种正确的物理学所必需的想法都在其中。在《方法谈》的第四部分,笛卡尔还描述了自己是如何得出上帝存在、上帝完美、上帝不欺骗我们这样的结论的。其出发点是他所发现的“我思”与“我在”之间的必然联系,他据此认为自己的上帝观念必定有客观的依据,并在最后推演出了智慧生灵所应具备的各种思考能力(这些生灵可以相信至善的上帝不会蒙蔽他们的心智)。

笛卡尔对《方法谈》里的形而上学论证方式并不满意。正如他对一些通信者所说(参考1.347,558),他当时写得过于仓促。《方法谈》前几部分和三篇著作中的两篇印好后,他还在写第四部分,出版商不停催促他赶快完稿。这一部分之所以不够明晰,另一个原因是他很不情愿采用一些说服心智接受形而上真理所必需的论点。在1638年2月22日给瓦捷[①]的信中,他写道:

① 天主教神父,耶稣会士,笛卡尔的主要通信者之一。

> 我不敢详细介绍怀疑主义者的论点，也不敢列出**帮助心智摆脱感官影响**的全部理由。要理解我关于上帝存在的证明是确定无疑的，就必须清楚地记得历史上的那些论证，它们揭示了我们关于物质世界的一切知识都是不可靠的，但这些思想似乎不适合在我的书中提及，我虽盼着这本书激起睿智之人的深思，但也希望它通俗到连妇女都能读懂。
>
> （1.558）

然而，他没有详细回顾这些必需的论证，并不只是担心读者难以理解，他更担心自己也被人看成哲学上的怀疑主义者。在第四部分，他仅仅指出，确定地知道上帝存在比确定地知道物质世界存在**更重要**，也是认识物质世界的前提。他不想否认，我们可以拥有一种关于物质的科学，但解释清楚这一点需要花费许多笔墨。在介绍自己方法的"通知"里，他只能把该说的话概略粗疏、意犹未尽地说一遍。

虽然《方法谈》中形而上学的内容极少，一位读者却寄来了一沓反对第四部分的意见，这或许令人惊讶。此人是一位负责督建法国外省城防的科学爱好者，名叫皮埃尔·珀蒂。他不同意笛卡尔的假设，认为并非每个人都有上帝观念，他也不相信关于上帝存在的知识是获得其他知识的必要前提。珀蒂指出，坚定的无神论者也知道地球和太阳的存在，还知道许多其他东西。笛卡尔表面上对他的反对意见不屑一顾，没有作答，但其实他牢记于心，并在《沉思集》的序言中作了间接的回应（7.8）。后来，笛卡尔的批评者又用博学无神论者的例子来质疑他的论点。

假如《论文选》受到一致好评，或许笛卡尔不会觉得有必要在《方法谈》第四部分的基础上更进一步。他发表《方法谈和论文选》的初衷是想为自己的物理学招徕一批支持者，读者若能认同他的光折射理论或者彩虹成因解释，接受《世界》中的信条就不会太困难。然而，争取人心的努力远比他预计的困难。《论文选》，尤其是《几何学》和《屈光学》招致了许多阐述颇为详细的反对意见，笛卡尔的回答未能平息人们的非议。整个1638年，也就是作品发表的次年，他都忙于应对来自数学界和科学界的责难。

与此同时，笛卡尔原本指望会接受该书观点的神学家们也袖手旁观。一些预印本寄到了拉弗莱什公学的耶稣会士手里，但却没有多少反馈。该校的一位教师在给笛卡尔的信中说，他若期望人们发表评论或提出质疑，就必须更直接地表明自己的形而上学原则。罗马教廷接受他赠书的条件是，书中没有鼓吹地动学说。尽管笛卡尔没有发表《世界》，罗马还是听到了传言，说他同情被禁的思想。仅仅这一个原因就让他日益迫切地感到，有必要出版一本著作，证明自己的物理学与天主教的核心教义并无冲突。

这本著作的部分材料是现成的，就是他第一次在荷兰居住九个月后弃置的那本论上帝和灵魂的书。在1637年给梅森的一封信中，笛卡尔承认《方法谈》第四部分有不少缺点，并提到了这本未竟的书，说自己希望动笔修改并把它写完（1.347）。在这本更早的著作里，据说他“发现了一种证明形而上真理的方法，该方法比几何学的真理更明晰”。

笛卡尔究竟发现了什么方法？他所说的“形而上真理”又包

含了哪些内容？我们在前面已经约略提及了这种方法——通常称为“怀疑的方法”，它的第一步是下定决心把任何在探寻的心智看来有丝毫不确定性的东西一概视为不可靠；若某些东西无论如何努力去否定，仍然无法否定，就可判定为可靠。在最终出版的论著《沉思集》中，笛卡尔在将这种怀疑一切可怀疑之物的决心付诸实施时，借助了某些怀疑主义者的奇怪假设。笛卡尔想象自己为一个强大的魔鬼所掌握，一切思想都被它控制，以至所信的一切皆是谬误。魔鬼若要达到欺骗的目的，一个确定无疑的前提是，他必须把这些谬误置于笛卡尔的思想中。这样，笛卡尔有思想**这个**事实，在这一点上魔鬼是无法欺骗他的。如果他的思想确定无疑地存在，那么思想着这些思想的主体——某种意义上的“我”——也应当真实地存在。由此他找到了形而上学的第一条确定的原则：我思故我在。即使一个人的其他所有想法都被执意欺骗他的魔鬼控制，这一条也必定成立。笛卡尔宣称，从这一条原则可以演绎出形而上学的其他真理（关于上帝的真理）。

至于他所理解的形而上学的总体研究范围是什么，我们必须参考《哲学原理》法文版的序言。笛卡尔在序言中说，“哲学的第一部分是形而上学，它研究的是知识的原则，包括上帝的主要属性、我们灵魂的非物质本质和我们思想中所有清晰明确的观念”（9B.14）。他在其他地方还有“非物质或形而上”事物的说法（9B.10），仿佛形而上学关注的就是物质科学覆盖范围之外的一切对象。笛卡尔似乎无心给出形而上学的准确定义，在列举它的主要研究对象时，或许参考的是自己所记得的拉弗莱什公学的学科分类，以及他定居巴黎前后那段时间朋友们出版的

① 让·德·希隆（1596—1667），法国哲学家、政治家。

相关论著。让·德·希隆[1]在1626年发表了一部著作，名为《两条真理：关于上帝和神意的真理与关于灵魂不朽的真理》。笛卡尔出版《第一哲学沉思集》第一版时（"第一哲学"与"形而上学"在他看来是同义词），副标题大概就脱胎于希隆的书名：《关于上帝的存在与灵魂的不朽》。为了赢得教会的信任，笛卡尔努力制造这样一种印象：《沉思集》是一部驳斥无神论者谬见、维护宗教真理的作品（尽管与同类作品相比，它思路独特，逻辑完美）。在书的前面，他还发表了一封自己给索邦神学家们的信，权当序言。他在信中称，写作《沉思集》是为了响应教皇向基督教哲学家们发出的呼吁，反驳灵魂与肉体同灭的论调（7.3—4）。书中六篇"沉思"的标题也刻意笼罩了宗教的光晕。笛卡尔对梅森透露了实情：

> [标题提到的]都是我希望人们注意的东西，但我的书还涉及许多别的东西。我私下告诉你，这六篇"沉思"包含了我的物理学的全部基础。不过请你不要告诉大家，否则亚里士多德的支持者就很难赞同我的想法了。我希望读者在发现我的原则摧毁了亚里士多德的体系之前，就已经逐渐适应我的这些原则并意识到它们的正确性。
>
> （3.297—298）

因此我们可以说，这部关于形而上学的著作，表面上是虔诚的宗教文本，骨子里却是掩饰得很好、颠覆正统的文本。

第十一章

《沉思集》

笛卡尔的一些信件表明，他是从1639年11月开始写作《沉思集》的。那时他已在荷兰住了大约十年，隔不了多长时间就更换一次住址。关于这段时间的生活，现有的记述常把他描绘成隐士般的人物，深居简出，只有几位仆人相伴，沉浸在科学实验和科学理论中，偶尔也涉猎哲学。但他其实并没有如此与世隔绝。笛卡尔有一些亲近的朋友，其中有光学理论领域的著名合作者康斯坦丁·惠更斯①，莱顿大学②数学教授弗兰兹·凡·舒滕③，还有贝克曼（只是后来闹翻了）。笛卡尔总是根据远近，经常与这些密友和其他一些人互访或通信。

我们所知的关于笛卡尔私人生活的有限细节大多集中在他旅居荷兰期间。或许是在代芬特尔（1632年他的一位年轻追随者在那里得到了一个教职），笛卡尔邂逅了一位名叫埃莱娜的女人，两人同居并生下了一个女儿。1635年8月7日孩子受了洗，取名弗朗辛。1635年后弗朗辛和埃莱娜似乎已经与笛卡尔

---

① 康斯坦丁·惠更斯（1596—1687），17世纪荷兰一位百科全书般的人物。著名物理学家、天文学家、数学家克里斯蒂安·惠更斯（1629—1695）是他的儿子。

② 荷兰最负盛名、历史最悠久的大学。

③ 弗兰兹·凡·舒滕（1615—1660），荷兰数学家。

分居，只是不定期地与他见面。他竭力向外人掩饰这段关系，她们来访时他总是把弗朗辛称为他的侄女。1640年，小女孩五岁时得热病死了，笛卡尔说这是他一生中最伤心的事。

弗朗辛死前几个月，笛卡尔完成了《沉思集》。1639至1640年冬，他捡起了1629年搁下的讨论形而上学的著作，花了五个月时间修改，并准备出版。他日益迫切地感到，自己需要发表一部神学家能够认可的论著。如果说拉弗莱什公学对《方法谈和论文选》的反应只是谨慎的话，巴黎耶稣会学院则对这部著作表示了真正的敌意，到了1640年夏，笛卡尔开始相信，整个耶稣会都把火力对准了自己。那时他已经完成了"五六篇"形而上学文章，只是还没发表。

新书里面究竟有些什么？和《方法谈》一样，它也采用了一种独特的文学体裁，一方面与它的官方描述——证明基督教真理的护教作品——相符，另一方面也适合它秘而不宣的真实用意——摧毁亚里士多德的体系，即构成物理学经院学说之核心的那些原则。这本书从形式上看是一篇日记，虚构的连续六天智识静修的经历，与圣依纳爵在《神操》[①]中更为常见的宗教静修所设计的程式有些相仿。

六天的每一天对应于一篇"沉思"，高潮出现在第三天。正是在《第三沉思》中，笛卡尔说服了自己，他的上帝观念对应于一个真实的存在物。与前两天的沉思联系起来，这无疑是个转折点。在《第一沉思》里，笛卡尔迫使自己怀疑，他的**一切**想法是否都有客观对应的存在物。他抛弃了对一切物质客体的信任，

① 圣依纳爵（1491—1556），耶稣会创始人，《神操》是指导信徒灵修的著作。

甚至不再相信纯物质简单本质[1]的存在。他在这里主要依靠的是怀疑主义者提出的魔鬼欺骗心智的假设。在《第二沉思》里他意识到，若自己能被魔鬼欺骗，则必定需要一种欺骗的媒介——思想，而若思想存在，真正的思想者——他自己——也必定存在。这就缩小了第一天静修时确定的怀疑范围。但只有在确定了上帝的存在之后，他才建立了一个基础，可以进而相信自己以外的事物的真实性，相信自己思想或观念的客观性。

他理解的上帝是完美的，因而是至善的：将谬见故意呈现于专注追寻真理的心智面前，对于这样一位上帝来说是不可想象的。错误只有在心智出现游离，或者仓促作出结论，或者受制于不良的思维习惯（例如将事物表面的性质当做内在的属性）时才可能发生。但当心智采取了防范错误的一切措施，却依然相信数字或物体真实存在时，或者发现物质性和三维的广延性之间存在不可否认的联系时，它是不可能陷入谬误的。既然上帝为我们设计的本性是，在我们不能不信时，我们所信的内容不可能为假，那么如果我们的心智深信某些事物或某些联系存在，这一事实本身就足以作为它们真实存在的依据。到了静修的第六天，笛卡尔认定，怀疑物质性客体的存在或者简单本质的真实性都是愚蠢的。他得出结论说，物质性客体的真实样貌虽然与感官得到的印象或许并不相同，但它们的数学属性却是清晰无疑的。由此可以推知，以数学为基础的物理学是可能的。

笛卡尔期待读者能潜下心来，进入自己所叙述的沉思过程，并在脑海中上演书中的整个推理过程，像自己一样先让怀疑的想法聚集，然后慢慢驱逐它们。这对读者期望过高了，即使

---

① 关于“纯物质简单本质”，参考第四章。

图5 1701年在阿姆斯特丹出版的笛卡尔著作卷首的作者画像

有读者从头读到尾，他们也不大可能像笛卡尔要求的那样沉浸在书中的细节里。笛卡尔向《第一沉思》（他在该篇中提出了种种理由，让人怀疑不假思索时信以为真的绝大多数东西）的读者建议，他们最好“先花上数月，至少数周，仔细考虑这些主题，然后再往后读”（7.130）。除此以外，他估计读者还需另外花上“至少几天的时间”，才能学会按照《第二沉思》的有些部分所要求的方式来区分精神性与物质性（7.131）。笛卡尔认为，为《沉思集》的“治疗效果”付出这么多时间完全值得。如果真正理解了此书，读者将破除一生的错误习惯，即在感官经验的基础上建立关于物质世界本质和自身本性的观念。

除了长时间专心阅读外，《沉思集》的读者还面临更大的挑战。他们需要掌握一种新的阅读方法，必须在接触书的前面部分时，真心相信在书的后面部分将作为不可信的东西而被抛弃的那些论点。在回应针对《沉思集》的一组诘难时，笛卡尔对书的这个特点作了辩护：“这种分析式的写作手法允许我们时不时地抛出一些还未详尽考察过的假设。《第一沉思》中就有这样的例子，我提出了许多假设，又在随后的几篇‘沉思’里予以了批驳。”（7.249）根据传统，分析式写作需要遵循一种特别的解释或论证顺序：任何新提出的想法要么不证自明，要么可以从前面的想法推导出，应从显然的、表面的东西出发，逐渐过渡到更隐蔽、更根本的论点。笛卡尔在《沉思集》里却给这种“分析”法添了新花样：更隐蔽、更根本的论点往往迫使读者重新审视，甚至摒弃前面的说法。

第十二章

剔除怀疑主义的怀疑？

笛卡尔期望读者能够适应《沉思集》的怪异风格，但他高估了读者（甚至是最认同他的读者）的能力。他的追随者们误读了书的核心思想，本已怀有敌意的读者则立刻揪住被他树为靶子的那些观点，仿佛他真是在极力宣扬它们似的。此书出版之初读者的反应大部分已为人所知，因为对预印本的很多评论在正式出版时也一并发表了。笛卡尔曾亲自请求荷兰和索邦的神学家"予以指正"，还让梅森搜集其他教会人士、哲学家和科学家的意见。最后他们编成了七组《诘难》，1641年《沉思集》正式出版时，这些《诘难》和笛卡尔的《反驳》就成了占据极大篇幅的附录。

《诘难》的水准让笛卡尔大失所望。他在回应时常常很不耐烦，时常抱怨别人误读了自己。也许他对第七组《诘难》（作者是耶稣会士皮埃尔·布尔丹）的反驳最为尖刻。巴黎耶稣会学院批评《屈光学》的文章就是布尔丹写的，现在他又对《第一沉思》怀疑范围太广等问题提出了质疑。难道《第一沉思》没有表明，笛卡尔是一位哲学上的怀疑主义者，决心把怀疑推到极端？笛卡尔回答说，在《第一沉思》末尾，

> 我仅仅是在考虑最极端的一种怀疑形式，正如我反复强调的，这种怀疑是形而上层面的，是夸张的，绝不可以应用于现实生活。当我说任何事物只要引发丝毫怀疑，就有充分理由予以怀疑时，我指的正是这种怀疑。
>
> （7. 460）

笛卡尔在《第一沉思》开篇说，他决定在生活中作一次尝试，将一切可怀疑的成分从自己的认识中清除出去。为了让自己的批判既广泛又不冗长，他需要考虑一些能够质疑自己全部认识的可能性。

他想到的第一个可能性是，仿佛是醒时的经历实际上可能是梦境。他说，梦境可以和醒时的经历一样逼真。醒来时，我们讶异于自己竟不在梦到的地方，或身处梦中的情形。在梦里，我们会相信醒时通常认为不可能的事。简言之，梦会欺骗我们。但无论是在做梦还是醒着，我们都没有可以明确区分二者的依据。这样，我们怎能判断此刻自己是否在梦中？如果不能判断，那么我们在此刻的经验中形成的认识就有可能全是错的。如果总是在做梦，那么我们**一直以来**形成的所有认识可能都是错的。只要存在所有清醒意识到的经验其实都是梦境这一可能性，笛卡尔就能实现自己的论证目标。因为如果不能排除这种可能性，我们就不能把清醒意识到的经验作为可靠的向导，去研究独立于经验之外的事物真相究竟为何。没有人会说，“我梦见是这样，所以一定是真的”；同理，如果视觉经验也是梦境，谁又能振振有辞地说，“我看见是这样，所以一定是真的”？

笛卡尔用做梦的假设来削弱自己对源于感官经验的众多认识的信心，但这个假设并不能将一切都笼罩在怀疑的阴影中。即使他只是梦见自己坐在炉火前，睁着眼睛，伸着手，即使世界上并不存在头和眼之类的东西，我们也不能据此认为，物质、形状、数字、空间、时间等比头和眼“更简单、更普遍的事物”只是子虚乌有的概念。做梦的假设无法动摇我们关于这些更简单、更普遍的事物的认识。如此说来，这些认识就真能摆脱不确定性的纠缠了？笛卡尔表明，如果我们相信另一个稍微离谱的假设，就连这些认识都会变得可疑起来(7.21)。他的第二个假设是，一个神通广大的魔鬼正不遗余力地诱使他相信错误的想法(7.22—23)。

在《第二沉思》中，笛卡尔发现，虚构出这样一位在**所有**事情上都欺骗他的魔鬼是不能成立的。在整部《沉思集》的结论部分，他说，“过去几天那些夸张的怀疑念头”，即梦境假设和魔鬼假设所引发的怀疑念头，“都是可笑的，不值得严肃对待”(7.89)。笛卡尔提醒布尔丹阅读相关段落，以为这样就能让自己摆脱怀疑主义之嫌。然而，如果他的意思是，到了书的末尾，他已经彻底放弃了《第一沉思》中的想法，那他就是在误导读者。至少就源于感官的想法而言，笛卡尔引入怀疑主义的假设，并**不是**仅仅想证明这样的假设毫无依据。他最终固然否定了所有经验都是梦境这一假设，但他并没否定该假设的真实寓意，即研究物质性对象时，不应该以感官经验为基础。

这层寓意到《沉思集》收尾时已传达得非常清楚了，并在《世界》(笛卡尔似乎有意将它视为《沉思集》的续篇)中得到了进一步的强调。《世界》的开头几章批判了对物质性对象的常识化理解——人们对物理世界自然产生的理解，这样的理解是以感官经验为基础的。笛卡尔首先试图让读者摆脱一种想法：感觉或经验与引发它们的事物具有相似性。接着他用整整一章

（第四章）的篇幅来纠正“一种自童年以来就一直控制着所有人的谬见——凡是感官不能觉知的东西都不存在”（10.17）。这几章勾勒出了**某种**怀疑主义，它怀疑基于感官的认识，怀疑它们的客观程度。笛卡尔表明，这种怀疑主义与建立自然科学的可能性并不冲突。

笛卡尔一方面批判基于感官的认识，一方面又声称人类能建立物质科学，同时支持这两种立场的观念有时被称为**理性主义**。笛卡尔相信，人类具备一种可以称为心智或灵魂或理性的东西，虽然它的某些思想或观念要依赖感官的作用，但它也拥有一些独立于感官的知识，其内容只有“在自然之光下”才能显明。正是通过这种知识，物理学和数学最基本的真理才被人们领悟到，也正是通过从这些最基本的真理“演绎”出的推论，人们才能不受感官经验误导，更客观地理解自然界各种最一般的现象。

第十三章

神学家与物理学的上帝

笛卡尔希望,《沉思集》里的论点能够为一种神学家也能接受的物理学打下基础。从其中一个论点可以得出结论:人类理解物理学的资质其实是灵魂固有的资质。另一个观点据信证明了灵魂只有先认识上帝然后才能领悟物理学。这类论点可以用来反驳一些大人物的看法,他们声称笛卡尔的新科学有无神论倾向。1639年,在乌特列支大学[1]教授希斯贝特·乌特[2]的怂恿下,校方开始搜集批驳笛卡尔《论文选》的文章。乌特列支的另一位教师亨利·德·罗伊[3]站出来反对乌特,在该校扮演新哲学代言人的角色。但他不是乌特列支最先替笛卡尔思想辩护的人。一位名为亨利·勒内利[4]的教授已经支持了笛卡尔一段时间。事实上,正是在勒内利的葬礼上听到的一篇称赞笛卡尔的演说让乌特心生嫉妒,于是他开始发动对笛卡尔的攻击。罗伊继勒内利之后成为笛卡尔理论的主要声援者,在为笛卡尔主义

① 荷兰最古老的大学之一。

② 希斯贝特·乌特(1589—1676),荷兰神学家。

③ 亨利·德·罗伊(1598—1679),笛卡尔主义的支持者。

④ 亨利·勒内利(1593—1639),即前文提到的在代芬特尔谋得教职的笛卡尔追随者。

辩护的过程中，他还得到了哲学家本人的帮助。罗伊和乌特的争论最开始似乎只是正式的学术交锋，双方的态度都算温和，但后来则演变为激烈的人身攻击。1642年，论战到达顶点，乌特说服乌特列支大学的学术评议会公开谴责“新哲学”。

笛卡尔觉得，乌特的攻击与布尔丹有重要关联，两者都代表了一股不让学校的传统课程受到新观念污染的势力。由于污蔑笛卡尔是怀疑主义者或无神论者就能阻止他的物理学进入课堂，无论是法国的天主教敌人还是荷兰的新教对手都不以造谣中伤他为耻。（乌特甚至把流言也摆上了台面，说笛卡尔有一个私生子。然而，他把孩子的性别弄错了，这使得笛卡尔可以理直气壮地回答，他从未有过非婚生的**儿子**。）

为了至少能在法国的耶稣会机构里争取到辩白的机会，笛卡尔越过布尔丹向掌管全法国耶稣会的狄奈神父提出了申诉。他给狄奈的信后来作为附录收入了1642年出版的《沉思集》第二版。笛卡尔在信中首先回应了布尔丹的批评，接着反驳了乌特的指控，后者声称笛卡尔的科学有反宗教的倾向。笛卡尔坚持说，“在任何与宗教有关的问题上，我的这些原则都可以提供与目前通行的理论一样有说服力的解释，甚至能做得更好”（7.581）。在下文中，他认为乌特列支大学谴责自己哲学的第三条理由既荒唐，又充满恶意，根本不能成立。大学的学术评议会指控说，“新哲学会自然引申出或者会被年轻人作为根据轻率地推导出种种荒谬无稽的观点，这些观点都与其他学科、尤其是正统神学相冲突”（7.592）。

笛卡尔称，他的哲学或者没有触动正统神学的教义，或者比当时“普遍接受”的经院哲学提供了更有力的支持。但这一论断大概和他认为足以反击布尔丹的简洁说法——他没有怀疑主义的倾向——同样误导读者。虽然笛卡尔在给索邦神学家的信中声明,《沉思集》可以扶助宗教信仰(7.2—4),但书中几乎没有可以促使不信者皈依上帝的内容,也无法让怀疑此生善行可在天国得到报偿的天主教徒坚定信心。事实上,《沉思集》中的上帝迥异于《圣经》中的上帝。至于书中所称的灵魂,也很难让人相信可以因上帝恩宠而得救或因在世间的恶行而受罚。笛卡尔的灵魂理论其实是关于心智的理论,他认为心智可以无须求助于感官而在总体意义上理解物质是什么,又怎样变化。笛卡尔引入上帝,是为了保证这些关于物质的总体性想法不陷入谬误。这是一位物理学家的上帝,或者准确地说,是一种反怀疑主义的物理哲学所要求的上帝,他将竭力保护物理学的基本定律不受怀疑的侵扰。

物理学的定律之所以不能怀疑,是因为它们与形而上学所提出的物质本质是相洽的。或者用笛卡尔的方式来表述,这些定律之所以具有确定性,是因为它们能够从一种关于物质本质的显明理论“演绎”出来。但只有上帝才能确保这种物质理论的正确性,根据这一理论,物质的核心属性是三维的广延性、可分性和运动的能力。这种理论清晰明确地呈现于心智面前,但它也并非无可怀疑,因为若要证明其确定性,必须先证明心智清晰明确地感觉到的一切知识都是正确的。正是在这个节点上,笛卡尔被迫求助于关于上帝的论证(参考7.62;8A.17)。倘若清晰明确的概念最终被发现与真相不符,那么即使采取了防范错误的所有措施,心智仍有被蒙蔽的可能。但如果心智采取了防范错误的所有措施,它就不可能犯错误,否则心智就是有缺陷的,从而证明它的创造者也是不完美的——然而创造它的上帝却是完美的,没有缺陷的。所以,心智获得的清晰明确的概念必定是正确的。

在何为清晰、何为明确的问题上，笛卡尔没有给出多少线索。他似乎认为，专注的心智能轻易觉知的任何东西都是“清晰”的（8A.21—22），而“明确”指的是觉知的清晰程度足以排除一切混淆的情形。如果心智把某种东西误归于它所觉知之物的本性，混淆的情形就会出现。一个混淆的例子是，在面对火时，心智可能以为感觉到的热是火的本性的一部分，但事实上热既与感觉者的本性有关，也与某个外在的燃烧物的本性有关。一般说来，当心智意识到简单本质[①]的存在，并理解了简单本质如何构成“复合”物时，它就能排除混淆，获得“明确”的觉知。这样看来，清晰**并且**明确的觉知就是笛卡尔在《法则》中所称的“直觉”：“清晰而专注的心智的观照方式，它是如此简单明确，对于我们正力图理解的对象，它没有留下任何怀疑的余地。”（10.368）

笛卡尔在《沉思集》中请出了上帝，以保证心智那清晰明确的觉知与真实相符，但他首先必须证明上帝的确存在，并且是完美的。有论者认为笛卡尔的这个策略有循环论证的嫌疑（可以7.214为例），因为在证明上帝存在的过程中，他所求助的一些前提之所以可视为真，正是依靠它们的“清晰明确”，但在上帝的存在得到证明之前，任何人都不能断言“清晰明确”的感觉必定为真。然而，我们不用费神讨论循环论证的问题，因为即使笛卡尔能为自己开脱，他仍需面对其他困难。

《沉思集》给出了上帝存在的两种论证。第一种论证出现在《第三沉思》中，笛卡尔确定上帝存在的方法是，分析上帝这一

① 关于“简单本质”，参考第四章。

概念的内容以及具备这种内容的概念应当源于何处。第二种论证在《第五沉思》中可以找到，其理由是构成上帝本性的各种完美属性（“存在”是其中一种）彼此不可分割。两种论证方式都极其抽象，都借用了改编自经院形而上学的原则。

在《第三沉思》的论证中，关键的一条原则是：表现属于某个范畴的某物的概念，必定有一个属于同一范畴或更高范畴的原因。只有在一个范畴等级——真实之物的分类等级——的背景下，这个原则才有效。笛卡尔认为，无限的实体比有限的实体更真实，有限的实体比属性更真实，属性比实体拥有属性的方式更真实。就上帝这个概念而言，由于这个概念表现的是一种无限的实体，没有比它更高的范畴或真实程度，所以根据笛卡尔的原则，这一概念的原因只能属于它所表现的对象所属的范畴。更明确地说，上帝的概念只能由某种无限的实体引发，但只存在一个无限的实体——上帝。因此，只要有一个上帝的概念，就必定存在引发这个概念的上帝；笛卡尔有一个关于上帝的概念，所以上帝必定存在。

这个论证有两个明显的弱点，一是它的因果原则有问题，二是它不假思索地认定上帝概念的确存在。笛卡尔在《沉思集》中宣称，概念的因果原则之所以可靠，是因为它源于一种更抽象的因果原则，后者规定，结果的真实性必须来自更具真实性的原因（7.40—41）。但这个原则是否有意义，值得怀疑，因为我们很难理解真实性的程度究竟指什么，结果又如何从原因的“更高程度的真实性”获得自己的真实性。还有反对者认为，人的心智不可能拥有关于上帝的概念，这一点笛卡尔也必须予以反击。他通常的答复是，应将他所说的概念（他令人困惑地说概念“犹如形象”）和想象力拼成的画面区分开来。人们无法在脑海中形成上帝的画面并不能证明上帝的概念不可能存在。只要人们有一个关于上帝的相对概念，并能将某种完美属性附着其上，这就足够了。

在第二种论证中，笛卡尔放弃了因果原则，但他的结论在很大程度上系于人们能够拥有上帝概念这个假设。“毋庸置疑，关于上帝或某种无限完美的实体的概念与任何形状或数字的概念一样确定地存在于我的心智里。”(7.65)他还利用了清晰明确地觉知的东西必定正确或与真实相符这一定律。最后，他还求助于形状和数字的概念与上帝概念之间的相似性。他声称，关于形状或图形(例如三角形)的概念所对应的东西并不是他编造或想象的，这些东西具有独立于思想的各种真实本质。同理，他的上帝概念也对应于某种具备独立、真实本质的东西。三角形的真实本质决定了三角形内角之和与两直角之和相等这一命题为真。与此相似，上帝的真实本质决定了上帝具备全知、全能、永恒等属性这一命题成立。另一方面，虽然三角形的真实本质并不能保证一定存在三个角之和与两直角之和相等的东西，但上帝的真实本质**的确**能保证一定存在全知、全能、永恒(简言之，完美)的东西。上帝的本质是独一无二的，它能确保某种具备这种本质的东西存在(7.65—66)。

这种推理套路有时被称为关于上帝存在的“本体论论证”，人们对此提出了很多疑问。首先，如果没有三角形的存在，所谓的三角形的真实本质如何能存在？其次，只要完美就必定存在，究竟是什么意思？第三，笛卡尔如何能一方面用“本体论论证”来支持《第三沉思》的论证，一方面又在论证过程中借助了前一论证的一个推论——清晰明确地觉知的东西必定与真实相符？两种论证笛卡尔都没有解释清楚，因而都没有说服力。

第十四章
概念

《沉思集》中的许多论证都缺乏说服力，但却值得我们关注，因为它们可以帮助理解笛卡尔的概念理论。关于上帝存在的论证就是例子。当笛卡尔说想象力无法帮助我们勾勒上帝的画面，但我们却可以通过其他方式构想造物主时，他其实是在表述自己的概念理论。他在关于上帝存在的第一个论证中采用因果原则时，也是在做同样的事。因果原则的一个含义是，概念的源头可以与它所表现的事物分属不同的范畴；换言之，概念的内容和引发它们的真实事物可以有显著的差异。

笛卡尔从未把他关于概念的观点整合在一处，也未曾提出一个可以用构想中的概念理论来回答的问题。然而，这样的问题是能够想象出来的。例如可以问，我们是如何在心中表现那些理解自然所必需的东西的？笛卡尔之前的哲学家们认为，人类兼有感性和理性两大禀赋，借助感官经验，理性接触到成为科学研究对象的各种实体。决定科学研究对象类别的各种形式，可以从与这些对象的可感知特征（颜色、气味、味道、温度等等）相对应的形式抽象出来。正是通过熟悉与自然类别对应的各种形式，心智发展出一种关于物质世界的科学。科学层面的理解其实就意味着在自然类别体系(一个属与种构成的体系)中确定某物位置的能力。例如,要获得关于人的科学理解,只需知道人是动物这个类下面一个具有理性的种。理解人的必要形式是通过感官知道的。因此要获得科学知识,心智需要依赖感官经验,而感官掌握经验对象的可感知形式(颜色、质地之类),又是通过形式从经验对象到感官的传递实现的。

笛卡尔在自己的概念理论中取消了感性/理性的二分法,否认科学理解需要依赖感官的作用,并竭力改造几乎难以理解的旧教条,即在感觉过程中,对象的形式能以某种方式传递给感官,并由理性"抽象"出来。根据笛卡尔的说法,物体对感官的作用完全是以碰撞的方式实现的,碰撞在神经系统和大脑中一个叫"松果腺"的腺体留下印迹。松果腺将物体的碰撞记录为不同的运动,这些运动就成为理性灵魂(它和身体的连接点就在松果腺里)的线索,帮助它形成某种有意识的经验或者说"概念"。这种有意识的经验究竟属于什么类型,则取决于传递到松果腺的运动类型。如果经验准确地再现了某物,就可以说它具备"客观的真实性"。如果它只是部分准确地再现了心智之外的对象,那么该对象就只是在"形式上"拥有这种概念"客观上"拥有的东西。

笛卡尔在《第三沉思》里说,在严格的意义上,只有存在于心智中并再现其他事物的东西才可以称为"概念"。他解释说,当他在想"一个人,或者一个客迈拉[①],或者天空,或者天使,或者上帝"(7.37)时,他就有了一个概念。他心智中不具有再现性

① 希腊神话里拥有羊身、狮头、蛇尾,会喷火的怪兽。

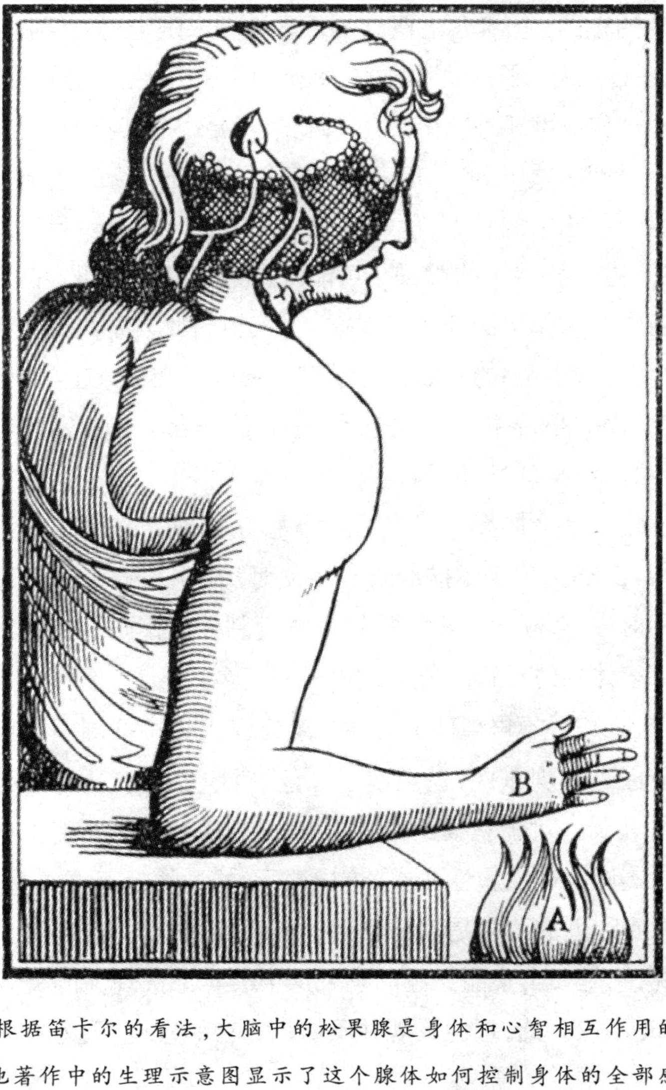

图6　根据笛卡尔的看法，大脑中的松果腺是身体和心智相互作用的地方。他著作中的生理示意图显示了这个腺体如何控制身体的全部感觉和运动。

的其他东西也可宽泛地称为“概念”，比如意愿、欲望和判断等态度性的东西；但是严格意义上的概念必须是“关于”它们自身以外的东西。笛卡尔对概念的再现性并未限定得过于狭隘。如果说概念是关于其他事物的，概念和它所再现之物并不需要像照片一样高度相似。笛卡尔说，概念若要成为某物的概念，它和该物之间必须“相似”，但考虑到自己在别处曾否认过上帝的概念是一种想象的画面，他所说的“相似”就无须理解为形象上的一致。这个语境中的“相似”可能是指某物符合或部分符合人在心智中对它作出的描述或规定。当人想到数字3时，只是在考虑一个大于2小于4的整数，并没有想象一个在形象上与3相仿的数字：他的心智中有个规定，数字3正好**符合**。这就是数字3的概念与数字3本身“相似”的一种方式。

概念理论摒弃了经院哲学就感性和理性的不同功能作出的假设。虽然笛卡尔描绘的理性灵魂似乎与经院哲学的理性概念相对应，实际上二者发生作用的机制大不相同。它并不从对外部客体的纯感官印象中抽象出任何东西，因为按照笛卡尔的理论，感官并不再现任何客体。感官仅仅负责从周围的物质接受碰撞[①]，再现东西（甚至包括颜色、质地、温度）是理性灵魂的职司。因此，对于观察到的物质来说，其属性并不能真正划分为感性属性和理性属性两类。这样，下面的说法就不再成立：理性意识到附近的苹果是苹果，而感性只注意到它的红与甜。而应该说，它是一个又甜又红的苹果这个事实都被理性的灵魂单独感知。不仅如此，理性灵魂并不依赖感官的作用，因为它只是偶

① 在笛卡尔的物理学体系里，碰撞是物体之间基本的作用方式，身体和物体在这方面没有区别。

然地与身体连接在一起。笛卡尔在想象自己被恶魔欺骗的思想实验中力图表明,灵魂脱离身体存在是可以想象的。他意识到,如果要认真对待关于魔鬼的虚构,他就必须假装自己没有感官,没有身体,当他尝试想象这种情景时,他成功了,并未因此怀疑自我或灵魂以及它的想法是假的。因此,理性灵魂独立运转是可能的。

在《论人》、《屈光学》和他生前出版的最后一部著作《灵魂的冲动》中,笛卡尔勾勒了自己关于感觉和理性灵魂的理论。在他的理论中,理性灵魂既受感觉影响,**也是**行为的发出者。在反驳所有概念都源于感觉时,他所采用的一些论证预先假设了这套理论的正确性,但另一些论证即使同情经院感觉理论的人也可以接受。经院理论认为,从外界客体进入感官、然后进入心智的各种形式使得感官和心智的内容与外部客体**相似**:客体、感官和心智据信都拥有同样的形式。笛卡尔举出了心智中的一些**不可能**与任何刺激感官的事物相似的概念。例如,一个全知、永恒、无限之物的概念不可能与感官接触到的任何东西相仿。形状、数字和图形的一般概念也不可能像引发此类概念的那些东西,因为它们是抽象的概念,而感官只能接触到具体的事物。笛卡尔认为,心智中存在的这些一般概念的来源无须到外界寻找:他的理论声称,这些概念是思维能力的一部分,是天生的。他甚至在某处宣称,除了有具体指涉的概念外,**一切**概念都是天生的(8B.358—359)。甚至痛苦的概念也是源于理性灵魂的一种内在能力——它能让与痛苦没有任何相似性的运动对它自身产生影响。[但在其他地方,他的观点似乎是,心智自行制造或发明了某些概念(7.51)。]

心智具备某些天生能力和天生概念这一假设在当代语言

学中取得了很多成果。令人惊讶的事实是，每种语言的使用者都能制造出大量从未学过的句子。同样令人惊讶的是，所有已知的人类语言都有许多相似的语法结构。这意味着，尽管掌握语言的方法和个体的智力千差万别，不同语言的使用者却能把握到某些相同的东西。不同使用者的这个共同点或许应归因于所有使用者共有的某些能力，这些能力不是我们在学习语言的过程中获得的，而是从一开始就存在。显然，这样的看法是笛卡尔假说的一个变种，它正是美国语言学家诺姆·乔姆斯基[1]的杰出理论。乔姆斯基承认自己受到了笛卡尔的影响。

---

① 诺姆·乔姆斯基（1928— ），他的《生成语法》被看做20世纪理论语言学研究上最伟大的贡献，其实质是一种先天语法。他的著作《笛卡尔的语言学》反映了笛卡尔对他的影响。

第十五章

心[1]

笛卡尔声称我们的很多概念与感官经验无关，他的另一个看法与此呼应：虽然没有感觉的功能，我们仍可认为**心智**是完整的（7.78）。他的心智本质理论认为，心智唯一**必须**具备的只有纯智力的功能和下判断所需的意志，掌握物理学最一般的要素不必依赖其他功能。这一理论把发展一种抽象的物质科学所需的功能十分隐蔽地赋予了心智。

在笛卡尔的著作中，概念理论、精神实体理论和物理学之间的关系有时并不清楚。我们主要是从《沉思集》了解到他对心智及其内容的看法（在这本书里他悄悄地为物理学打好了地基）。在《沉思集》里，笛卡尔声称自己的理论关注的是灵魂，而不是那些帮助我们理解物质本质的心智能力和概念。作为一种关于灵魂（或者说赋予人类活力之物）的理论，《沉思集》里的说

---

① 本章标题中的“心”（mind）其实应当译为“心智”，但由于本章和下一章的标题构成了一组二元对立项，如果译成“心智”两个字，下一章的标题最好也用两个字，但汉语中似乎没有能准确翻译body的双音节词，“身体”、“物体”等等都不符合笛卡尔的意思，只有古文的“体”能涵盖body对应的概念。出于对称的美感，本章标题最后定为“心”，与下一章的“体”相对。但在正文中，除了心体对举的地方外，仍采用“心智”的译法。

法有些武断。笛卡尔提出，感觉和想象只是灵魂的偶然属性，其必然属性只是一种纯粹而有限的智力，这种看法似乎是武断的。

《诘难》的作者们显然意识到了这一点。他们要求笛卡尔解释，为什么感觉、想象和其他任何依赖身体的能力对于心智来说都是无关紧要的。他们质疑的是笛卡尔截然割裂心与体①的做法（后来这被称为笛卡尔的二元论）。按照笛卡尔的说法，心和体是两种不同的实体，因为我们可以根据两套彼此独立的可以清晰明确感知的属性来分别形成心和体的概念。

在《沉思集》中，二元论被笛卡尔论证了两遍。一遍是在假设魔鬼欺骗他的时候（《第二沉思》），另一遍是在书的末尾（《第六沉思》），那时他已证完上帝的存在，放弃了魔鬼假设，并且确立了"清晰和明确"与真实性之间的联系。在《第二沉思》里，笛卡尔问，究竟哪些能力属于自己？他列了一个长长的单子，其中提到了想象和感觉（7.28）。然后他解释说，感觉的能力只在一个特殊意义上属于他。感觉属于他，仅仅是指他**仿佛**看见了，听见了，摸到了，等等，但他是否真的看见了，听见了，摸到了，却无法确定。因为这些只是**仿佛**拥有的感觉，所以其真实性是可疑的，而在《第二沉思》里，只有真实性无可怀疑的性质才被视为属于他（7.24）。既然他永远都只是**仿佛**在感觉，他就永远不能声称完整的感觉属于他。当笛卡尔说自己拥有想象时，虽然他的表述并不清楚，但"拥有"的意思大致也和对感觉的"拥有"一样。因此，任何与身体有关的功能在严格意义上都不属于他。

评注者常认为，笛卡尔心智哲学最具特点之处就在《第二

① "体"（body）既包括人的身体，也包括各种物体。

沉思》中。笛卡尔正是在这里宣布,就本质而言,他是一个思想之物;同样是在这里,他解释说,“思想”的意思就是心智的主人无法怀疑其真实性的任何心智活动。从《第二沉思》看,这种无法怀疑的真实性,这种能立刻被自我意识到的特性,就是心智活动的关键属性。有人曾总结说,在笛卡尔哲学里,心智活动的标志就是私密性。

这种理解不符合《沉思集》的后几篇,也不符合《第一沉思》,它把笛卡尔的心智哲学看成怀疑方法的一种副产品,如果是这样,一旦我们发现他的怀疑方法缺乏一致性或者设计有缺陷,他的心智理论也就没有任何优点可言了。然而,另一种阐释也是可能的,它可以让心智理论变得更独立,并在整个《沉思集》中发挥核心作用。

为了介绍另外的替代阐释,我必须提及合格的心智理论必须满足的一个要求,即它不能只适用于特定的物种。这似乎是显然的,心智理论不能仅仅是关于人的心智的理论,因为谁都能想到,我们之外的其他生物也可以有感觉、记忆、自我改进、推理甚至交流的能力,与人类的这些能力相对应。科幻小说提醒我们,外星生命也可能拥有实质上与我们难以区分的心智能力,科学也揭示了海豚和黑猩猩的心智能力如何发达。既然我们关于心智和心智能力的概念也包括了这些生物,合格的心智理论就必须对物种保持某种中立的态度。

笛卡尔的理论尤其彻底地满足了这条要求。他意识到,心智的概念也适用于人类以外的生命,但是(这在笔者看来正是他的独特之处)他在考虑心智时有意摆脱了生物学视角。他的理论不太关心低等生命的心智能力是否与人类相仿,而更关心超人类的生命——例如天使和上帝——是否具备远超过人类的心智能力。事实上，笛卡尔在划分心智的类别时依据的是心智能力的程度，而不是拥有这些心智能力的生物种类。人类心智的核心属性是有限，上帝心智的核心属性是无限，两者区分的标准不在人与超人。而且对我们来说，拥有心智**就是**拥有和上帝同类的能力，尽管与上帝相比，我们的能力极其有限。关键之处在于，是上帝完美无限的心智确定了判断其他心智是否堪称心智的标准。

以这样的逻辑为背景，笛卡尔看似武断的划分就有了意义：一面是纯精神的能力，一面是依赖于身体的感觉和想象能力。这等于是把人的能力分为两类：一类是我们和上帝共享的能力，我们借以获得上帝那样的对现实的客观理解；另一类是只属于人的能力，它们不是客观理解所必需的。

这种阐释与《沉思集》中不少将人与上帝比较的段落是相吻合的，而这些段落常被评注者忽视。例如，在《第四沉思》中，笛卡尔说：

> 我意识到从某种意义上说，我是上帝和无之间、至高存在者与不存在之间的一个中间项：从我是至高存在者所造的角度看，我的本性应当是：心智中没有任何东西使得我犯错或偏离正途；但另一方面，我又陷于无和不存在之中，自己也并不是至高存在者，在无数方面都有缺陷，因而犯错误是完全自然的。
>
> （7. 54）

在一个以至高存在者为终极的序列上，笛卡尔将自己定位在中间。当他说从他是至高存在者所造的角度看，他的心智没有缺陷时，他其实是在暗示，由于自己有限，由于自己不是至高存在者，他的心智的确有缺陷。在《第三沉思》中有一段相似的文字（7.51），笛卡尔在为人的心智定位时，参考的不是物种的等级顺序，而是从完美到不完美的实体排列。

由于笛卡尔的理论将某种超人类、非生物的东西作为精神实体的典范，其代价就是根据这一理论，非人类的动物中没有心智的容身之地。（这种说法让一些读者大为震惊，因为它意味着他们家中的宠物只是没有思维的自动机器。）但他的理论也有优点，就是充分考虑了人类心智的局限性。他抵制了将人类心智视为心智范本的思维定势，但并未因此掉入通常的怀疑主义陷阱。人类心智固然有限，但既然它在有限的程度内与上帝的心智相仿，人类理当具备掌握科学的能力。

第十六章

体[①]

笛卡尔相信，去除了一切牵涉体的属性，心仍是完整的；与此类似，摆脱了一切依赖心的属性，体也是完整的。在《沉思集》的末尾笛卡尔试图证明，这样一个剔除了温度、颜色、气味、质地等属性的高度精简的体的观念是正确的，这也是他在《世界》中首先想证明的一个观点。因此，我们有理由认为，这种体的观念是笛卡尔用来巩固自己服务于物理学的形而上学的。

在论证他认可的体的观念时，他的思路与论证心的观念时如出一辙。他都是先描述对两种实体的幼稚看法或者说常识看法，接着将常识赋予体和心的属性划分为真正属于和似乎属于它们的属性，然后试着给出解释，为什么并不真正属于它们的属性会被人们错误地归于它们。之所以会出现这种真实属性和表面属性的混淆，是因为我们的心受困于体。说得更清楚些，我们之所以误入歧途，是因为习惯于单凭感官来形成关于实体的观念。当我们认为没有颜色等属性，物体或身体就不完整时，我们是把它们依赖于感官的性质错误地当做了客观性质；当我们认为自己[②]如果只剩下纯粹的智力和意志就不完整时，我们是

① 本章中的"体"(body)既包括物体，也包括人的身体。

② 笛卡尔哲学中的"自己"或"自我"经常等于灵魂或心智。

仓促地得出了错误的结论，因为我们感觉自己与身体结合在一起，不可分离。

在讨论我们的心和体的观念时，笛卡尔不仅论证思路相似，而且连内容的布局都相似。《第二沉思》中讨论了定义为心智或思想之物的自我包含了什么，也讨论了典型的物质性东西包含了什么。《第六沉思》在很大程度上确认了他先前关于心智内容的想法，也确认了他关于物质的一些试探性的总体认识。

其中一个总体认识是：人不能根据某个物体呈现给感官的形式来辨识它。笛卡尔在思考一块蜂蜡的本质时悟到了这一点（7.30）。刚从蜂巢取出的蜂蜡有一种特别的味道、香气、质地，等等，然而如果用火一烤，它便失去了所有这些形式，获得了别的形式。如果它的本质取决于形式，那么它在火烤之前是一种物质，火烤之后又是另一种物质了。然而它一直都是同一种物质。那么，当它的可感知形式发生变化时，究竟什么东西没变呢？也许仅仅是一个具备广延性、灵活性（能够改变形状）和多变性（可能变换形式[1]）的"体"。如果是这样，决定它本质的便不是感官让人注意到的东西，而是理性把握到的属于"体"的东西。所以，可感知的形式并不是理解蜂蜡（推而广之，一切物质性东西）本质的关键。

在《第二沉思》中，关于物质性东西的主要结论是负面的。但在《第三沉思》中，一种正面的观点开始浮现。在论证上帝存在时，笛卡尔附带考虑了其他一些问题。他提出了对有形之物

① "形式"（form）在西方哲学中的用法非常复杂，这里的形式指的是某种实体的存在或表现方式，或者这种方式的某个方面，例如上文提到的味道、香气、质地，等等。它和"形状"（shape）有很大差别。

的看法，说自己注意到：

> 关于它们，我能清晰明确觉知的东西非常少。这些东西包括大小，或者说三维的空间延伸；形状，或者说上述延伸的边界的一种效果；位置，也即具备形状的不同物体之间的关系；运动，或者说位置的变动。除此以外或许还能加上物质[①]、时间延续和数字。
>
> （7.43）

在笛卡尔列举上述各项的这个论证阶段，某物被清晰明确地觉知这一事实还没有成为认定其真实性或正确性的充分理由。到了《第五沉思》，笛卡尔才有根据说，由于"形状、数字、运动等等"能被清晰明确地觉知，我们可以认为它们真实存在（7.63—64）。即使这个结论也没有《第六沉思》走得远，笛卡尔在那里证明，物质性客体，即具备形状、运动、数字等属性的东西，独立于我们的思想真实地存在着。

论证物质性客体存在的过程（7.78—80）极其抽象，很难简洁地复述出来。它的基本脉络如下文所述。我们清晰明确地感觉彼此分开的东西**的确能**被上帝的无限力量分开。我能清晰明确地想象我自己与除了思想之外的一切分开。所以，我是一个思想的实体。审视我作为一个思想实体的各种状态，我发现自己具备一种接受概念的被动能力（即觉知）。但若没有某种主动

① "物质"（substance）也可能译成"实质"或"实体"，但我觉得"物质"或许是最好的译法。对于物质性事物而言，无论具体物质是什么，无论物质是否发生变化，它们终归是由抽象意义上的"物质"构成。

的能力来激活它，这种被动能力就无法发挥作用。无论这种主动能力是什么，它都不是我作为思想之物的核心能力；如果是的话，它就是属于我的主动能力，因而从属于我的意志。然而，这种主动能力不可能从属于我的意志，因为有不少源于感性的概念都是违背我的意志产生的。此外，这种主动能力并不以思想为前提，而我的任何主动能力都必须以思想为前提：我所有的意志行为都是有意识的，这意味着我拥有关于它们的思想。所以，这种主动能力只能存在于某种不同于我的实体中。

这是一种什么样的实体，可以从这种主动能力的体现，即我想象中的概念来推测。这些概念必定有客观的真实性，引发它们的东西也必定具有更高或至少同等的形式上的真实性。符合这一要求的只有物质性实体、精神性实体和上帝。上帝赋予我们的智能无法认定精神性实体或上帝是我们这些概念的直接成因，但我们**的确**强烈倾向于认为是各种体创造了这些形象[①]。如果它们的原因不是"体"，我们却不由自主地如此相信，那我们就是受了骗，但上帝的设计不允许我们犯这种错。所以这些形象的原因必定属于物质性实体。所以体存在。

笛卡尔从感性形象的存在推导出了体的**存在**。但是他告诫读者，不要从感性形象的内容来推断体的**本质**。他虽然声称从有关形象源头的考虑可以推出"有形体事物的确存在"，却又补充说：

> 它们或许并不完全按照我对它们的感性理解而存在，因为在很多情况下，感性理解是晦暗而混乱的。但至

① 关于概念和形象的关系，参考第十四章。

少（有形体事物）具备所有我清晰明确地理解的属性，或者说在一般意义上被纳入纯数学研究范围的那些属性。

（7.80）

他所说的“纯数学研究范围”指的是几何的“连续量”与代数中变量和常量的数值。体的这些几何和数字特征独立于我们的思想而存在。其他一些似乎天然属于体的属性，例如颜色、温度、质地、声音等等，只不过是体（外在的物体和我们的身体）的这些量化属性所制造、并被我们的心智以特定方式记录下来的复杂效果。

质[①]的多样性是如何通过量的多样性捕捉到的，《沉思集》始终没有具体说明。笛卡尔仅仅指出：

我凭借感官发现了许多种颜色、气味、味道，以及温度、硬度之类特征的许多差等，从这一事实推论，既然体是这些不同的感性经验的源头，它们就应具有虽然与我的感觉未必相似、却有对应关系的种种差异。

（7.81）

他在《论人》（11.174及下文）、《屈光学》（6.130及下文）和《哲学原理》（8A.318及下文）中的论述更为详细。他的基本看法是，不同的颜色、气味、味道等等对应于分属不同感官的神经在

① 质（quality）的词源义是“怎么样”，即对事物进行性质的描述；“量”（quantity）的词源义是“多少”，即对事物进行数量的描述。在通常的观念里，质比量更内在，更重要。但在笛卡尔的体系里，由于数学是其核心，这个关系颠倒过来，量是事物的核心属性，质反而可有可无，量而不是质才与事物的本质有关。

有量化差异的外物作用下产生的运动。

那么，身体神经系统中的运动是如何转换成心智对颜色、声音、气味、味道之类的经验的呢?笛卡尔对此的解释以晦涩而闻名。他提出,这种转换能发生是上帝的安排。很显然,没有任何自然定律能解释心智的经验与神经运动以及大脑中的外物印象之间是什么关系。这种关系甚至是不必要的,上帝可以让我们在获得感官刺激时形成与颜色、声音和气味迥然不同的概念(7.88)。

如果体的本质以量的方式就能完美地把握到,又何必让心智以质的方式来再现体呢? 这个问题有些棘手,因为笛卡尔强烈地相信以下三个命题:第一,上帝不会欺骗我们;第二,当体对感官施加作用时,我们会以质的方式再现它们,这是上帝的安排;第三,体并不内在地具有心智所再现的那些质。如果上帝让我们形成的体的概念并不能准确地描述它们,我们能说上帝无欺吗? 为了摆脱困境,笛卡尔提出:首先,这些概念本身并没有误导人之处,它们只是以一种特别的方式描述体,是我们自己仓促下结论说，体就如这些概念所描述的那样客观地存在;其次,以质的方式再现体,对我们是有帮助的,因为我们判定体对我们有益或是有害时,是从质的方面来考虑的。换言之,以质的方式再现体对我们的生存有价值，它告诉我们应当追求什么,避免什么(7.82及下文;8A.41)。

在论述质的再现方式的价值时,笛卡尔所言的体不仅包括外在的物体,也包括我们的身体。当我们经验饥、渴、痛苦、愉悦或者运动时,就是在以质的方式再现自己的身体。然而,这类感觉有可能蒙蔽我们,因为它们会让我们误认为,自己跟身体是以某种方式混合在一起的,而事实上(如果笛卡尔是对的),我们仅仅是心智或者思想之物，虽与身体结合，却是与它不同的实体。尽管如此，误认为痛苦、饥渴等感觉属于我们自己，而不属于某种外在于我们的体，显然有助于我们的生存。

按照笛卡尔的说法，以质的方式再现体可以帮助我们保存生命，并且**不一定**会妨碍我们发展自然科学。这是因为质的再现在心智中可以与关于大小、形状、数字、位置等简单本质的概念共存，后者使得我们能够在不考虑质的情况下理解体。

第十七章

公之于众的物理学

笛卡尔计划出版一本物理学著作，作为形而上学著作的续篇，但事情的进展不如他预想的顺利。他原打算1641年就动笔，但回应对《沉思集》的诘难耽误了他的进度。1642年的大部分时间他都在反击自己在乌特列支大学的敌人乌特，后者发表了多篇文章诋毁他以及另一位法国人萨米埃尔·德马雷[①]。在其中一篇文章中，乌特声称笛卡尔与卢契罗·瓦尼尼[②]是一路货色，瓦尼尼于1619年以宣传无神论的罪名在图卢兹被处火刑。据称，瓦尼尼故意让自己关于上帝存在的论证充满漏洞，以削弱人们的宗教信心。乌特说，笛卡尔所做的与瓦尼尼没有分别。笛卡尔发表了一篇文章，对乌特等人的指控予以了有力的驳斥。后来，乌特再次兴风作浪，笛卡尔几乎被逐出乌特列支，但在一些上层朋友帮助下，笛卡尔守住了阵地。尽管乌特是当地颇有势力的牧师，最后笛卡尔还是争取到向乌特列支行政当局提交材料的机会，证明是乌特策划了中伤他的行动。当局曾无耻地站在乌特一边，此时仍不愿对他采取措施，但在1645年他们颁布了

① 萨米埃尔·德马雷（1599—1673），法国神学家。

② 卢契罗·瓦尼尼（1585—1619），意大利哲学家。

命令，禁止发表任何支持或反对笛卡尔哲学的文字。

乌特是一个新教徒。在天主教神学家这边，笛卡尔更为成功。安托万·阿尔诺[1]是见解犀利的第四组《诘难》的作者，他在应邀评阅笛卡尔的形而上学之前，就已经是他的崇拜者了。还有耶稣会士。笛卡尔曾出版《方法谈和论文选》对他们进行熏陶，如今努力终于有了回报，他们对《沉思集》的回应很友好。笛卡尔在1642年致狄奈的那封信末尾说，他希望发表自己哲学中一直未曾公布的部分内容。他指的是自己的物理学。在发表意见之前，狄奈只肯看这部作品的章节标题。笛卡尔在1643年把标题寄给了他。大约在同一时候，他发现自己赢得了另一位有影响的耶稣会士的支持，此人就是在罗马任职的艾蒂安·沙莱[2]。最后，笛卡尔甚至和布尔丹都言归于好了。至少有一部发表于1643年的耶稣会士的作品借用了（有时是原封不动地）《屈光学》和《气象学》的内容。笛卡尔发表自己物理学的时机似乎成熟了。

当然，笛卡尔绝不可能把搁置已久的《世界》直接拿出来发表。书中的地动理论仍是被禁的，它所采用的思路——想象一个与实际宇宙相似的宇宙——也很可能造成误解。于是他决定新写一本书，将自己的整个哲学体系呈现出来，物理学仅是其中的一部分。新设计需要新风格。正如他在致狄奈的信中所说：

> 我以前讨论许多主题时所采用的顺序和风格，在这本

① 安托万·阿尔诺（1612—1694），法国神学家、哲学家，著有《逻辑学，或思维艺术》、《为圣父的辩护书》、《笛卡尔哲学精义》等。

② 艾蒂安·沙莱（1570—1651），神学家，曾在拉弗莱什公学教过笛卡尔。

新书中将不再沿袭——我指的是我在《方法谈》中简要介绍的那部著作(即《世界》)。我将用一种更接近目前学校惯例的风格。也就是说,我会以短文的形式依次讨论每个主题,而且在论证时遵循严格的逻辑顺序,确保前后环环相扣,这样所有的内容就能联结为一个整体。

(7.577)

这本书此时他至少已写了一半,最后出版时定的题目是《哲学原理》。

该书在1644年以拉丁文出版,法文版于1647年问世。书分为四部分。第一部分概括了笛卡尔形而上学的主要观点,但它绝不是《沉思集》的替代品,法文版序言提醒人们,笛卡尔第一哲学的完整表述应到《沉思集》中去找。第二、第三、第四部分都是物理学的内容。按照原来的计划,还有讨论动植物的第五部分和讨论人的第六部分,但这两部分似乎没能完成。

《哲学原理》的第二部分与《世界》的前七章有很多重合之处。笛卡尔先是试图纠正人们对体的本质[①]的先入之见,接下来提出了他所认为的正确看法,然后转向了运动本质、自然定律以及七条"碰撞法则"。"碰撞法则"是《哲学原理》中新提出来的,严格地说,并不是他的物理学所必需的。运动的定义也是新的,笛卡尔有意借此拉开自己和地动假设的距离。根据这个新定义(8A.53),运动就是指位置的改变,其参照物是被视为静止的附近的物体。相对于大气层这个附近的物体而言,地球是静止的。这个定义后来招致了牛顿的批评,牛顿认为它会引出一

① 关于体的概念和本质,参考第十六章。

个错误的推论:物体运动时,只是表面的微粒在动,内部的微粒却是静止的。

第二部分对体的本质作了解释，在此过程中笛卡尔声称“空间和有形物质之间没有真正区别”(8A.46)。这一观点为他的许多说法作了铺垫,包括他否认真空存在,他的物质做圆周运动的理论,还有他对体的两类属性——内在属性(例如数字和形状)与非内在属性(例如颜色和气味)——的区分,这种区分有时被称为一级性质与二级性质之分。有形物质和空间无法区分，或者说物质仅仅是一种广延——这个论点虽然关键,笛卡尔的论证却很单薄。他提出,排除了在我们想来可以省去的那些属性之后,体剩下的内容就是物质的核心属性。

这种定义实体本质的方法他在分析心智时也用过,但两处的结果都不理想。笛卡尔似乎相信,如果先给出心或体的一个概念,然后去掉他所认为的非核心属性,剩下足以定义某种或另一种实体的那些性质,最后得到的这个实体和他最初设想的实体是同一个实体。这种思路存在一些明显的问题,有些在笛卡尔自己讨论的例子中就能找到。这里我们举一个例子(7.222)。假定我们开始设想的是人的身体,然后去掉它的大部分性质，认为它只要能够拿起杯子或者同时按下钢琴的几个键,就可称为身体,这时我们所想象的实体实际上已变成了手,不再是最初的那个实体了。与此相似,如果我们开始设想的是一个物体,然后去掉除广延性之外的所有属性,虽然我们最后得到的仍是某种东西的概念,但这个东西其实是空间,而不是体或物体了。

除了这些纯概念性的困难，笛卡尔的物理学还有一个缺陷,即很难用来进行计算。它没有提出测量阻力的方法,没有提到质量。更重要的是，它的引力理论有令人惊讶的不足。我们在介绍《世界》的内容时已经发现，笛卡尔把引力归因于物质的旋涡运动。在解释潮汐、月球的绕地运转以及地球上物体的重量时，他都假设了以地轴为中心的一个旋涡。但是旋涡理论并不能解释地极对地球上物体的引力作用；在应用于天体时，它也与行星运动的一些已知事实相冲突。牛顿在17世纪80年代指出了旋涡理论的一些问题，并设计了一套万有引力的数学化理论来取代它。牛顿理论的成功沉重打击了笛卡尔哲学的声望，比它在17世纪招致的众多哲学批判更具杀伤力。笛卡尔的哲学中，酝酿时间最长、出版最不容易的这部分反而是最早过时的部分。事实上，如果笛卡尔从来不曾公布自己的物理学，他的思想体系虽显得不完整，但至少不会承受牛顿理论带来的这种致命打击。

有些人说，笛卡尔的科学注定有严重缺陷，因为它是建立在个人冥思的基础上的，笛卡尔很少有兴致用实验来测试自己的理论。他们之所以觉得笛卡尔过于偏爱先验推理，部分原因在于误解了笛卡尔物理学中一般命题的来源。在《哲学原理》（9B.10）和更早的《方法谈》（6.40）中，笛卡尔似乎认为，从他的形而上学两原则（“我思故我在”和“上帝存在”）到他的物理学中关于物质性事物的原则，存在着一条连续的逻辑链。显然，形而上学的真理无须借助任何实验或观察就能得知，如果笛卡尔的物理学原则可以直接从他的形而上学演绎出来，那么一个似乎显然的结论就是，它们必定可以先验地表述，并且无须任何证明或证伪的努力就可判断为真。这样的认识与人们普遍接受的关于科学方法的经典信条是相悖的。

对此，我们可以给出几条辩护理由。第一，无论它们是否符合笛卡尔如此推崇的连续推理模式，许多卓有成效的科学理论工作都是以先验的方式（思想实验）进行的。第二，按照笛卡尔著作中“演绎”的意义，当他说一些原则“可以”从另一些原则“演绎”出来时，并不是说这些原则可以用逻辑推导出来，因而可以先验地知晓。笛卡尔使用的“演绎”和其他认知术语似乎描述的是思维从一个想法延伸到另一个想法的历程，其间没有怀疑或不清晰的感觉干扰。笛卡尔式演绎似乎并不要求一个想法必须按照形式逻辑的法则从另一个想法**推导**出来，因为他经常将演绎与他所说的“枚举”等同，而“枚举”的意思就是在分析[①]“问题”之后将所有可能引向答案的东西列举出来。用一个问题的部件来重构答案的方式可以是用“物”来重构“词”，用结果来重构原因，用数字来重构总和，用属性来重构实体（参考10.433，471—2）。这样，“演绎”就并不总是意味着或者倾向于从前提到结论的推理形式。而且，如我们之前在分析他的“逻辑”时所见，他的证明或验证概念跨越了先验/后验的界线。

还有一点，说笛卡尔不相信实验和观察在物理学中有一席之地，是不合事实的。虽然物理学中“最一般”的原理可以不通过实验知晓，其他许多东西，尤其是用以解释**具体**现象的假设，是需要用实验和观察来验证的。笛卡尔在说明自己为什么不能详细解释“地球上各种体，即矿物、植物、动物和尤其重要的人类”（9B.17）时，引用的理由就是，具备这样的能力需要做太多的实验。

---

① 这里的分析（analyse）突出了词的原意，就是把一件复杂的东西拆解成部分，从这个意义上讲，解决一个问题就是用问题的“部件”来重新（因为问题原来就是一个整体，答案也是一个整体）拼成一个整体，所以下文用了“重构”这个词，否则“重”字就不好理解。

第十八章

“其他科学”

在《哲学原理》法文版的序言中，笛卡尔把哲学的整体比做一棵树，以形而上学为根，以物理学为干，以“其他学科”为枝，“这些从树干长出来的枝又可简化为三大类，即医学、构造学[①]和道德学[②]”（9B.14）。他接着说，哲学的主要益处不是由树根或树干，而是由这些树枝贡献的（9B.15）。他说，有段时间自己曾希望《哲学原理》能把哲学最有益的部分介绍给读者，但最后他发现自己缺乏必要的资源。他关于构造学、医学和道德学的著作一直没有完成，但在17世纪30年代和40年代末期他还是取得了一些进展。

笛卡尔的“构造学”似乎研究的是物质形成植物体、动物体和人体的方式。医学研究的是人体生命现象的成因和保存生命的手段。道德学研究的是人的各种冲动[③]、控制冲动的策略以及引导意志向善趋恶的途径，理解道德学的前提是“彻底知晓了

① 构造学（mechanics）在笛卡尔的学科体系里研究的是物质形成植物体、动物体和人体的方式（见下文），因此不能按常规译成“力学”或“机械学”。

② 道德学（morals）并非一般意义上的伦理学（ethics）。笛卡尔是以一种机械论的方式来解释人的道德的（见下文）。

③ 将passion译成“激情”显然不符合笛卡尔的思想，“冲动”的译法更合适。

其他一切科学”，因而它是“最高层次的智慧”（9B.14）。构造学主要是经由物理学与形而上学发生关系，道德学和医学则不同，它们直接以《第六沉思》里勾勒的心/体理论为依托。关于这两门科学，笛卡尔从未有过完整的论述。在17世纪30年代，他编辑了一本现存医学知识的概要，但他自己的医学理论主要只见于1647至1648年间撰写的《人体描述》（书没有最终完成）。而他对伦理的看法只见于生前最后出版的著作《灵魂的冲动》（1649）、他与法国驻瑞典大使皮埃尔·沙尼[①]的通信（虽然很有意思，但过于零散），以及他致波希米亚公主伊丽莎白[②]的信件。

《灵魂的冲动》第一部分先是提出了一系列复杂的定义，重申了他在以前著作中主张的生理学理论，然后在此基础上对冲动作了分类，并分析了灵魂的高尚与卑下部分的冲突。一般而言，冲动是灵魂所受的作用，而不是灵魂的行为。在这个非常宽泛的意义上，“感觉或者觉知的方式”都可算做冲动（11.342）。但在更狭窄的意义上，“灵魂的冲动”仅仅指“我们感觉其效应存在于灵魂之内”的那些感觉——例如欢乐与愤怒（11.347）——以及我们感觉其特征就是搅动灵魂、使之失去平静的那些反应。

冲动导致肢体动作，这些动作又是通过刺激松果腺运动而产生的（11.361）。当灵魂和身体同时在松果腺中激发相反的运动时，自然欲望与意志的冲突（伊丽莎白公主和笛卡尔曾反复讨论这个问题）就发生了（11. 364）。当灵魂“根据善与恶的知识

---

① 皮埃尔·沙尼（1601—1662），法国外交官。

② 伊丽莎白（1618—1680），英国国王詹姆士一世的外孙女，曾长期与笛卡尔通信讨论哲学问题。

下了明确无疑的判断”(11.367),并决心按此判断行动时,这种冲突就得到了合理的解决。然而,即使没有理性自控能力的人也有这种克服冲动的潜能,理性占据上风的人可以训练和引导他们。

追求美德就是力求永远无法责备自己没能执行理性作出的最佳决定(11.422)。笛卡尔把这种追求称为对抗冲动的“无上灵方”。显然,他故意用了医学的比喻,因为笛卡尔似乎将个人道德理解为保持灵魂的健康,就如同医学是为了保持身体的健康。事实上,笛卡尔不仅认为道德学与医学可以类比,他甚至认为前者需要依赖后者。笛卡尔偏好的控制冲动的手段包括恰当平衡的饮食、锻炼、用药和“饮水”。例如,1645年5月到6月,伊丽莎白公主和笛卡尔在信中讨论了是否应当喝温泉水来治疗干咳和慢性发热。笛卡尔此前曾指出,悲伤是慢性发热的病因,他在回信中表示赞同温泉水疗法,并建议伊丽莎白在饮用的同时,还应采用冥想的手段,驱逐心中的悲伤念头。这种冥想方法就是“效法某些人,凝视树林的葱茏、花朵的色彩、小鸟的飞行以及此类无须特别调动注意力的景象,并保持心境的空明”。

笛卡尔设想的伦理学并不只是研究如何控制个人的冲动,它也推崇公共之善的概念。笛卡尔在1645年9月15日致伊丽莎白的信中说,一般而言,公共利益应置于私人利益之上。他用了一个类似形而上学的说法来支持这一观点:整体比部分重要,宇宙比地球重要。

第十九章

最后的日子

1649年笛卡尔离开荷兰，动身去瑞典。在斯德哥尔摩的法国大使皮埃尔·沙尼一直代表克里斯蒂娜女王①与笛卡尔通信。瑞典女王和伊丽莎白公主一样，经常征询笛卡尔对灵魂冲动的看法，并和他讨论道德哲学的一些问题。为了让她理解自己在信中表达的这些观点有何理论依据，笛卡尔赠给她一本《灵魂的冲动》。该书令她激赏，于是她邀请笛卡尔到瑞典宫廷任职。笛卡尔起初很犹豫，但最后还是接受了邀请。

他警惕荷兰是有道理的。在乌特列支，他与乌特的恩怨旷日持久，此后在莱顿又爆发了一场论战，对峙的双方仍然是支持笛卡尔的哲学家和反对他的神学家。一位名叫特里格兰德②的教授提交了一份论纲，指责笛卡尔宣扬伯拉纠主义③的异端思想（否认原罪，主张人可以不靠上帝的恩典而得救）。附属于

---

① 克里斯蒂娜女王（1626—1689），1632年登基，由于瑞典是新教国家，而她后来改信天主教，所以于1654年主动退位。

② 特里格兰德（1583—1654），荷兰神学家。

③ 伯拉纠（约354—418），不列颠修士，反对奥古斯丁的预定论与原罪论。他的教义在1431年的以弗所大会上被定为异端。

莱顿大学的一所神学院的院长雷福森[1]也指控笛卡尔犯有亵渎罪。（雷福森曾劝笛卡尔皈依新教，但遭拒绝，似乎因此怀恨在心。）1647年5月，笛卡尔写信给莱顿大学和城市官员，抗议这些神学家的污蔑，并要求对手们指明自己的著作中哪些段落可以证实这些罪名。最后，城市当局颁布命令，禁止莱顿大学的教授在文章中或课堂上提及笛卡尔的著作。笛卡尔正是在此时开始考虑永久离开荷兰。

《哲学原理》法文版问世前夕，笛卡尔在法国的朋友试图为他争取法王的恩遇。法王允诺赐给他年金，但他后来发现这笔钱很难到手。1648年他回到巴黎，希望能在国王身边谋得一职，但无功而返。笛卡尔抱怨说，自己就像大象或豹子，只被当做稀罕的物种来玩赏（5.329）。他在巴黎感觉很不遂意，政治动荡让这个城市失去了宁静，雪上加霜的是，梅森也快辞世了。笛卡尔于8月末动身去荷兰，梅森9月1日就病故了。此后，克劳德·克雷色列尔[2]取代他成了笛卡尔主要的通信者。

就这样，笛卡尔空手回到荷兰，等待他的是一场新论战。曾支持他反击乌特的罗伊改变了阵营。1646年，罗伊不顾笛卡尔的劝阻，出版了一本物理学论著，书中不仅大量盗用了笛卡尔的观点，而且歪曲了后者的形而上学思想。笛卡尔在1647年《哲学原理》的法文版序言中批驳了罗伊的著作。罗伊用一篇短论来回应，笛卡尔在1648年发表了《反对某套理论的笔记》，逐条予以反击。

---

① 雷福森（1586—1658），荷兰神学家、诗人。

② 克劳德·克雷色列尔（1614—1684），笛卡尔的朋友，编辑和翻译了他的多部著作。

图7 瑞典女王克里斯蒂娜听笛卡尔的哲学晨课——正是这项安排导致了他1650年的早死

我们或许会以为，40年代后期这些令人沮丧的经历和论战让笛卡尔真正陷入了与世隔绝的状态，然而仍有一些人慕名而来，拜访住在阿尔克马附近的埃赫蒙德的笛卡尔。其中一位访客是名叫弗朗斯·布尔曼[①]的年轻人，他记录了1648年自己与笛卡尔进餐时的一次哲学长谈。布尔曼问了许多事先准备好的问题，笛卡尔的回答似乎出奇地坦率沉着。

1649年，克里斯蒂娜女王两次发信，邀请笛卡尔到斯德哥尔摩的宫廷任职。克里斯蒂娜知道笛卡尔1648年回法国时没能谋得职位，于是趁此机会力求让这位声名显赫的人物成为自己的扈从。笛卡尔没有立刻应允。他担心去瑞典不是好选择，一是因为他是天主教徒，融入一个新教宫廷不容易，二是因为他不愿让人觉得，克里斯蒂娜为了他而耽误国事。但到了1649年夏末，他终于说服了自己，动身前往斯德哥尔摩。

他几乎一到瑞典就开始后悔。他的哲学才能很少有机会发挥，即使能发挥，时间也不方便：克里斯蒂娜喜欢在清晨五点钟听他讲课。笛卡尔原指望朋友沙尼能陪自己，但沙尼直到1649年12月才回到斯德哥尔摩。这位哲学家被迫为女王写芭蕾剧说明，甚至还创作了一部喜剧，主角是两位误以为自己是牧人的王子。他难以适应瑞典的冬天，终于病倒了，于1650年2月11日逝世。

① 弗朗斯·布尔曼（1628—1679），荷兰神学家。

第二十章

笛卡尔的幽灵

1663年，罗马天主教把笛卡尔的著作列入了官方的禁书录。他死后，越来越多的人抱怨，他让上帝失去了在自然科学研究中的位置。他生前竭力安抚的耶稣会士此时成了禁止他著作的急先锋。1663年对他的谴责仅仅是开始，此后当局又颁布了一系列禁令，1691年，法国王室更是下令禁止法国所有学校讲授笛卡尔哲学的任何观点。数十年后，牛顿的物理学取代了笛卡尔的物理学，在法国和其他地方，人们开始对他的形而上学提出修正性的解释，也开始详细讨论他的逻辑学和伦理学。

笛卡尔死后的约二十年间，任何人如果认同他在法文版《哲学原理》序言中勾勒的“完整哲学”设想，都会被贴上“笛卡尔分子”的标签。笛卡尔曾在序言中说，《哲学原理》的第二、三、四部分覆盖了物理学所有最一般的知识(9B.16)，但要表述一套关于物质实体的完整科学，还有更多的工作要做。《哲学原理》表述了自然定律，提出了宇宙理论(描述物理宇宙如何构成、如何产生)，也解释了地球上最常见的“构件”(elements[①])或者说“体”以及它们的性质。但对于“个别的体”，也就是各种具

① 此处element的通常译法“元素”或“要素”均不符合笛卡尔的意思。

体的矿物、植物、动物以及尤其重要的人类，他只是刚刚开始论及。

笛卡尔说，补齐这方面的材料需要大量的观察和实验，单个人的精力和财力是无法承担的(9B.17)。最早的一批“笛卡尔分子”着手做的正是这样的观察和实验。根据《哲学原理》第二部分的运动定律、第三部分的物质旋涡理论、第三和第四部分的精微物质假设，雅克·罗奥[①]和皮埃尔·西尔万·勒鲁瓦[②]在法国，约翰内斯·克劳贝格[③]在荷兰和德国所作的尝试实质上都是在补充笛卡尔的物理学。但当牛顿指出并纠正了笛卡尔的重力和行星运动理论中的严重偏差时，这些科学家的研究计划便逐渐失去了动力。牛顿的体系与笛卡尔截然不同，它引入了一种不可消解的力(万有引力)，而这是笛卡尔的理论无法包容的。

在法文版《哲学原理》序言中，笛卡尔说，在对自己进行哲学训练的过程中，应该先攻逻辑学，再攻形而上学，然后再攻物理学：

> 我不是指学校里讲授的逻辑学，因为严格地说，那仅仅是一种辩证的言说方式，它所教的只是如何向别人解释自己已经知晓的东西，甚至如何在不作价值判断的情况下就自己不知晓的东西大发议论……我所言的逻辑学应当能引导我们的理性发现我们以前不知晓的真理。
>
> (9B.13—14)

我们在评论《法则》和《方法谈》第二部分的四条箴规时，已

① 雅克·罗奥(1620—1675)，法国哲学家、数学家、物理学家。

② 皮埃尔·西尔万·勒鲁瓦(1632—1707)，法国哲学家、科学家。

③ 约翰内斯·克劳贝格(1622—1665)，德国神学家、哲学家。

经对这种逻辑有所了解。笛卡尔去世后，安托万·阿尔诺和皮埃尔·尼科勒[①]于1664年发表了《逻辑学，或思维艺术》，书中采用了取自《法则》的观点并作了细致阐发。《法则》在笛卡尔生前没有出版，是在他遗留的手稿中发现的。在笛卡尔的追随者中，并非只有阿尔诺和尼科勒试图把这种"新"逻辑学清楚地表述出来，他们甚至都算不上最早如此做的。我们在谈论物理学中的笛卡尔流派时提到的约翰内斯·克劳贝格也在进行同样的努力。

这一时期其他哲学家、科学家和神学家的著作也可视为对笛卡尔未竟事业的贡献。佛兰德[②]哲学家阿诺德·赫林克斯[③]在1655年沿着笛卡尔的路线写了一部伦理学著作。包括他在内的许多哲学家都试图解决笛卡尔形而上学中的诸多困难。早期的评注者主要关注的问题包括笛卡尔的概念说、心与体的关系、因果论以及阐释实体与性质关系的形而上学理论。笛卡尔死后不久爆发的形而上学论战中，代表人物是阿尔诺、尼古拉斯·马勒伯朗士[④]和西蒙·富歇[⑤]。莱布尼茨[⑥]和斯宾诺莎[⑦]提出了各自

---

① 皮埃尔·尼科勒（1625—1695），法国神学家、哲学家。

② 原属荷兰，1830年后属比利时。

③ 阿诺德·赫林克斯（1625—1669），佛兰德哲学家。

④ 尼古拉斯·马勒伯朗士（1638—1715），著有《真理的探索》、《形而上学对话录》等。

⑤ 西蒙·富歇（1644—1696），法国哲学家。

⑥ 莱布尼茨（1646—1716），德国数学家、物理学家、历史学家和哲学家，其"单子论"、"前定和谐论"及自然哲学理论极大地影响了德国哲学的发展。

⑦ 斯宾诺莎（1632—1677），荷兰哲学家，他认为宇宙间只有一种实体，即作为整体的宇宙本身，而上帝和宇宙就是一回事，修正了笛卡尔的二元论。主要著作有《几何伦理学》、《神学政治论》、《政治论》、《哲学原理》等。

的复杂体系，它们试图在某些方面做得比笛卡尔还笛卡尔——更严格地遵循笛卡尔式演绎法。在英国，约翰·洛克①不同意笛卡尔认识论中的天赋论，但保留了一套概念理论。乔治·贝克莱②和大卫·休谟③在马勒伯朗士的影响下，也对笛卡尔的双实体论和物质实体具备因果效力的说法提出了批评和修正。与笛卡尔派物理学家和道德学家相比，上述哲学家的工作远为接近当今的笛卡尔研究，因为今天仍然出没在人们周围的笛卡尔是一

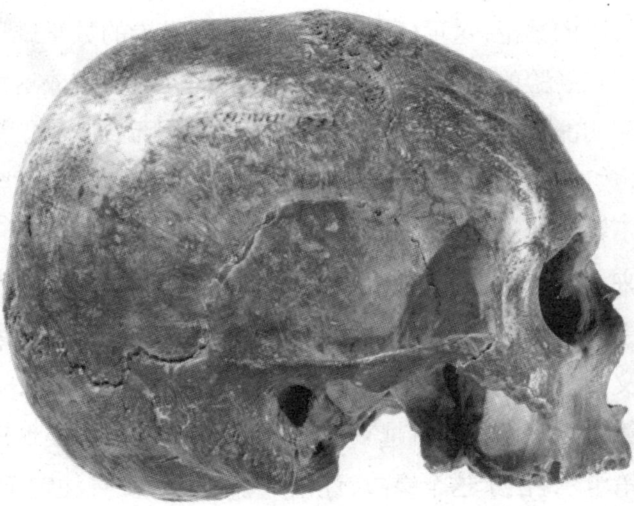

图8 笛卡尔头骨，保存于巴黎人类博物馆

① 约翰·洛克（1632—1704），英国哲学家、经验主义的开创者，同时也是第一个全面阐述宪政民主思想的人，在哲学以及政治领域都有重要影响。主要作品有《论宽容》、《政府论》、《人类理解论》等。

② 乔治·贝克莱（1685—1753），英国哲学家，有《视觉新论》和《人类知识原理》等著作。

③ 大卫·休谟（1711—1776），英国哲学家、历史学家、经济学家，近代怀疑主义的代表人物，主要著作有《英格兰史》、《人性论》、《人类理解论》等。

个哲学家——而不是物理学家、医生或道德导师——的幽灵。

除了语言学界赞许笛卡尔天赋论倾向的学者外，英语学术界的多数哲学研究者现在都认为，让笛卡尔的幽灵安息的时候到了。人们至今仍在努力埋葬笛卡尔，这恰好反证了其哲学的力量。哲学家们继续写着长篇大论，质疑笛卡尔的概念论和二元论，质疑他科学必须从不证自明的原则出发的观点，质疑他哲学的中心问题是知识问题的说法。这些说法构成了一个体系，所以才会持续发挥影响。它们都是在履行同一项任务的过程中得出的结论，这项任务就是证明物理世界的数学式理解比基于感官经验的理解更客观，并且人类理性具备形成这种更客观理解的能力。笛卡尔论证这些观点的过程无疑充满了错误的想法，数百年来的批评者已经揭示了这一点。但如果哲学研究者们不是痴迷于笛卡尔的这项任务，这些批评本身也不可能延续下来。今日他们的兴趣依然不减。他们仍会争辩，究竟哪些类型的主题可以让人类获得日益客观的理解。这些争论之所以还有意义，是因为我们的脑海里已经有一幅清晰的图景，知道怎样才算对**物质**世界理解越来越深，而很早就勾画出类似图景的正是笛卡尔。由于这个缘故，让笛卡尔的幽灵安息注定不容易。

索引

（条目后的数字为原文页码）

A

B

C

D

E

F

G

H

I

J

K

L

M

N

O

P

Q

R

S

T

U

V

W

Tom Sorell

DESCARTES

A Very Short Introduction

Contents

Texts and Translations

References are made by volume and page number to the standard edition of Descartes's writings by Adam and Tannery (Paris: Vrin, 1964–75); '7. 12' means page 12 of volume 7 of Adam and Tannery. In general, translations are taken from J. Cottingham, R. Stoothoff, and D. Murdoch, *The Philosophical Writings of Descartes* (Cambridge: Cambridge University Press, 1985). Adam and Tannery volume numbers appear in this translation at the beginnings of works, Adam and Tannery page numbers in the margins. Volume numbers followed by 'A' refer to a Latin text, by 'B' to a French text. Extended quotations from Descartes's letters are taken from Anthony Kenny's translation and selection, *Descartes: Philosophical Letters* (Oxford: Oxford University Press, 1970).

List of Illustrations

The publisher and the author apologize for any errors or omissions in the above list. If contacted they will be pleased to rectify these at the earliest opportunity.

Chapter 1
Matter and Metaphysics

René Descartes had a short working life and it began late. He did not get down to sustained research in philosophy and the natural sciences until 1628, when he was thirty-two; it took him a further nine years to publish anything, and the last of his works to appear in his lifetime came out only twelve years after the first, in 1649. His output was not large. Yet he made fundamental contributions to physics, mathematics, and optics, and he reported useful observations in other fields, notably meteorology and physiology. Had he confined himself to the natural sciences his achievement would have been remarkable enough. But his range was in fact considerably wider.

He is best known, perhaps, as the man who said '*Cogito, ergo sum*' – 'I am thinking, therefore I am'. This little piece of reasoning is the first principle of his metaphysics or first philosophy, his theory of what has to be known for stable and exact science to be possible at all. The metaphysical theory is extremely subtle, and its influence on philosophy down to the present day has been profound. Probably it is the most enduring of his intellectual achievements. But it was not intended to stand apart from his scientific work, let alone overshadow it. When Descartes turned to metaphysics at the beginning and towards the middle of his productive period, he developed a theory that was only supposed to clear the ground for the statement of his mathematical physics. By a complicated and very abstract argument, Descartes tried

1. Engraved portrait of Descartes from an original by Frans Hals

to prove that only properties well understood in geometry, namely length, depth, and breadth, were essential to matter, and that no properties but these geometrical ones and motion were needed to explain natural phenomena.

Descartes was not the only or the first advocate of geometrical physics. Galileo had pioneered the general approach, but in Descartes's opinion with insufficient rigour.' '[H]e has built without a foundation,' Descartes said of Galileo in a letter of October 1638.' '[W]ithout considering the primary cause of nature, he has sought only the reasons for some particular effects' (2. 380). Descartes's metaphysics considered the primary cause of nature – God; his physics deduced the causes of the most general phenomena of nature – such effects as acceleration and the deformation of bodies through collision – and put forward hypotheses about the causes of many others.

He was conscious of adopting a form of explanation that was very far removed from that of both common sense and traditional physics: it was not geared, as they were, to the appearances physical objects present to the human senses. Descartes's physics was constructed out of mathematical facts about material things, facts about size, shape, composition, and speed that could be grasped by a mind with sense-experience different from ours, or by a mind with no sense-experience at all. Other sorts of facts about physical objects, such as their having colour and smell – facts that *were* relative to the sensory powers of human beings – were dealt with differently. These Descartes explained in terms of the favoured framework of the sizes, shapes, and speeds of material things and their impacts on the sense-organs. The result was a theory that distinguished between properties that physical objects really and intrinsically possessed, such as shape and size, and properties that physical objects only appeared to possess, namely colour, smell, and other sensible qualities.

In distinguishing between a sense-based conception of the material world and the more austere, mathematical conception, Descartes committed himself to the view that the latter was the more objective of the two. Other believers in the new science were committed to the same thing. They sometimes tried to convey the superiority of the mathematical conception by saying that it was like God's. But Descartes was able to go beyond vague talk of a Godlike perspective and spell out the difference between the sense-based and mathematical conceptions of the material world. He showed that the former was systematically open to doubt while the latter was free of uncertainty, and he proposed a method for detaching oneself from the sense-based conception and adopting the more objective one.

Implementing the method himself, Descartes got impressive results in several branches of natural science as well as pure mathematics. Other writers, such as Francis Bacon and Galileo, were able to match his achievement only in part. Though Bacon developed a method for counteracting the limitations of common sense and traditional physics, his doubts about the sensory world were not as far-reaching as Descartes's. Again, while Bacon made room for a more objective conception of nature, he did not identify it as an essentially mathematical one. Galileo did make that identification but had no real theory to explain why the mathematical approach fitted the physical world so well. Cartesian metaphysics supplied the missing theory. It held that the human mind was constituted by God to enjoy perfect certainty about material things when conceiving them mathematically; it pointed out that God had the power to create whatever we could conceive with certainty; and it held that God was too benevolent to let the human mind fall into error when it conceived with certainty the mathematical nature of matter.

This explanation of how matter and mathematics were made for one another is not formulated in terms we are likely to find either familiar or compelling. But then we do not need to be persuaded that a mathematical physics is viable. The spectacular success of mathematical physics as an instrument of measurement, prediction, and control since the seventeenth century has made redundant any theory proving that a mathematical physics is possible. But the formulation of Descartes's theory helped to make way for some of the early research that produced the successes that have justified our confidence in the modern science of matter.

Descartes's metaphysical theory now commands more attention than his own particular version of mathematical physics, for his most distinctive speculations in the physical sciences started to be superseded within a few decades of his death. Nevertheless, the research that produced them and the process of assembling them virtually monopolized the productive period of his life. Scientific rather than philosophical questions dominated Descartes's work. He confronted them with a strong sense of what they had in common, with definite ideas about the order in which they should be tackled, and with the conviction that he personally could find answers to most of them.

Chapter 2
The Discovery of a Vocation

It seems to have been almost by accident that Descartes ever developed enough confidence in himself, or enough enthusiasm for the undertaking, to sustain the research programme he eventually began. When he was born in Touraine, in north-western France, on 31 March 1596, it was not into a family of scientists. His paternal grandfather and great-grandfather had both been doctors, but his father was a lawyer and magistrate. His maternal grandfather had held high public office in Poitiers. Other relations of his mother appear to have had jobs as legal officials. The families on both parents' sides were either minor aristocrats or on the fringes of the nobility, well off and well educated, but not particularly inclined towards science. Nothing in his early years at home pointed to his eventual career.

Probably at about the age of ten, the young René was sent to the Jesuit college of La Flèche in Anjou. Here he was a pupil for eight years, and received his early training in the sciences. In the last two years he was taught mathematics, for which he showed a special aptitude, and physics. It was not, however, the sort of physics that exploited mathematical results; Descartes was exposed to the scholastic theory of natural difference and change, a doctrine that purported to make sense of qualitatively described observations in obscure, abstract, and non-quantitative terms.

Among the Jesuits in the early 1600s the teaching of scholastic physics coexisted with an awareness of advances in astronomy that had been inspired by a quite different, mathematical approach to the investigation of nature. This was reflected at La Flèche. For instance, a celebration at the school in 1611 marked the discovery by Galileo of the moons of Jupiter. The Jesuits may even have been enlightened enough to make available newly invented optical instruments, on sale in Paris as early as 1609, to Descartes and his schoolfellows. But in the classroom stale scholastic doctrine seems to have predominated, and it bored Descartes. Or so he wrote later. In the quasi-autobiographical *Discourse on Method*, published in 1637 as the preface to three of his scientific essays, he gave the impression that he endured rather than profited from his schooldays. Only the mathematics he picked up at La Flèche helped him in later research, and even that, he claimed, had to be reworked in order to be serviceable. Apparently it was not at La Flèche in 1613 or 1614, but in Holland, five years later, that he first became interested in the sort of questions that dominated his published work.

Not much is known about what Descartes did between 1614, when he left La Flèche, and 1618, when he arrived in Holland. There is evidence that he took a law degree in Poitiers in 1616, his older brother Pierre having done so a few years before him. But while Pierre was launched by his father on a legal career, a military life seems to have been decided on for René. He went to Breda in Holland in 1618 and enlisted as a gentleman volunteer in the army of the Dutch Prince Maurice of Nassau. In effect he was an officer cadet in an army that doubled as military academy for young noblemen on the Continent.

In Breda, at the age of twenty-two, Descartes met a doctor some eight years older than himself called Isaac Beeckman. They became friends. Beeckman was a savant with a wide range of scientific interests, and his influence on the younger man was considerable. A letter of 1619 says as much. 'To tell you the truth,' Descartes wrote to Beeckman, 'it was really you who got me out of my idleness and made me remember things I once learnt and had nearly forgotten: when my mind wandered from serious matters, you put me back on the right path.' By 'serious matters' he seems to have meant a range of abstruse questions in pure and applied mathematics: the surviving letters between Descartes and Beeckman from this period speak of little else, and they seem to pick up where previous conversations between them had left off. One letter concerns mathematical relations between musical notes in songs for one voice; in another Descartes announces that he has found in six days solutions to four long-standing problems in mathematics. He also confided to Beeckman that he intended 'to give to the public a completely new science' for solving uniformly any arithmetical or geometrical problem whatever. It was at about this time, then, that Descartes's enthusiasm for scientific questions really began to take hold.

The correspondence with Beeckman started when Descartes left Breda for Copenhagen at the end of April 1619. Taking care to avoid the troop movements that were taking place owing to the outbreak of the Thirty Years War, he planned an extremely indirect route via Amsterdam and Danzig, then through Poland and eventually Austria and Bohemia. When he set off, as his letters show, he was very much preoccupied with mathematical questions. Instead of losing interest as his journey continued, he seems to have got more and more immersed in his reflections. Apparently he also changed his itinerary, for without having had the time to travel through Poland, Hungary, Austria, and Bohemia, he arrived in Frankfurt in September 1619, in time to be present for the coronation of the emperor Ferdinand.

He broke his journey for the winter in Germany, probably near Ulm. Here the researches he had been pursuing with such intensity may have become almost an obsession with him. In any case, on 10 November 1619, while shut away in a stove-heated room, he is supposed to have had a daytime vision and that night three dreams, which he took for divine revelation of his work in life – the unfolding of a *scientia mirabilis*, or wonderful science.

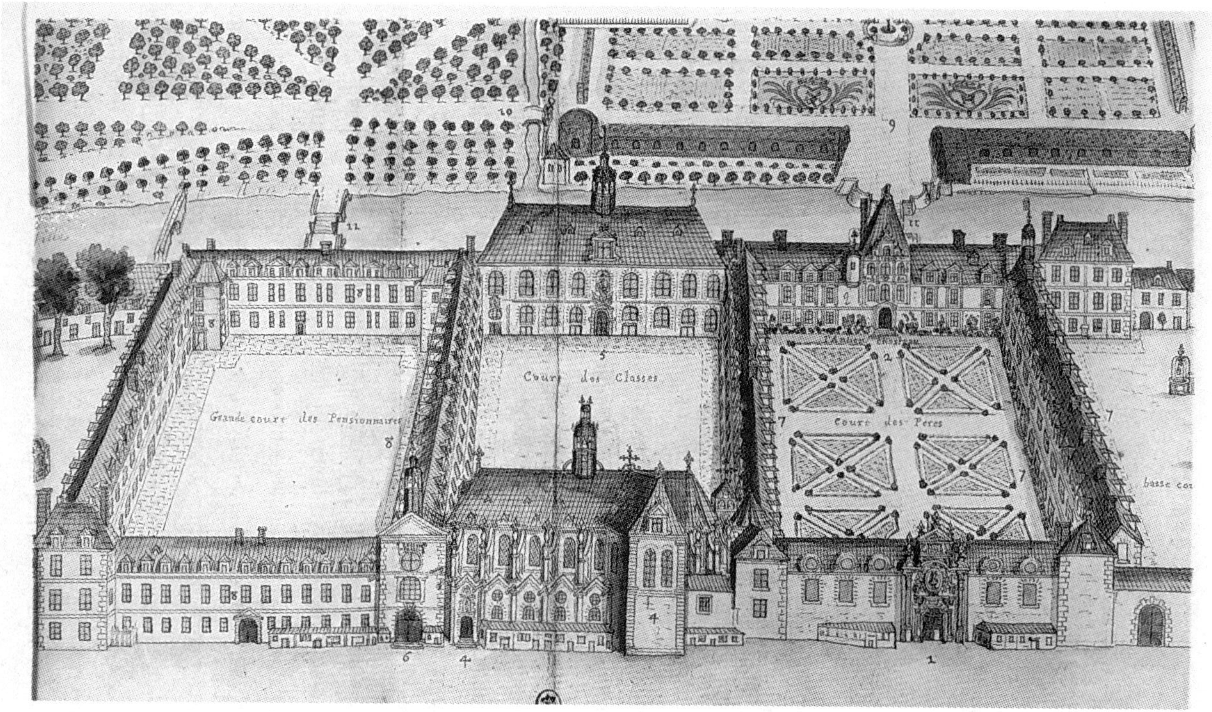

2. La Flèche. Seventeenth-century engraving by Pierre Aveline

Chapter 3
One Science, One Method

What Descartes saw in his daytime vision is unknown, and the account of his dreams in his private notebooks is so highly stylized and fragmentary that no reliable interpretation seems possible. Still, it is likely that what started to dawn on him was the unity under mathematics of a long list of sciences that had previously been regarded as distinct. The list included the four sciences traditionally put under the heading of the *quadrivium*, namely, arithmetic, geometry, music, and astronomy, as well as optics, mechanics, and some others.

A number of different sources suggest that after leaving Breda Descartes became increasingly receptive to the possibility of a master science, or a master method of scientific discovery. Writing to Beeckman from Amsterdam in April 1619, he describes meeting a savant who claimed to be able to employ a method from Raymond Lull's *Ars Parva* so successfully that he could hold forth for a whole hour on any subject at all. Lull was a thirteenth-century writer on universal science. Descartes took the claim seriously enough to ask Beeckman to look into the matter and advise him whether Lull's book was really so remarkable. Descartes himself had already written to Beeckman of his own vision of a science capable of unifying algebra and geometry, and this may have made him susceptible to the idea of a method adequate for making discoveries in, or speaking intelligently on, any subject whatever.

He looked beyond Lull for a master method, flirting for a time with

Rosicrucianism, which was rumoured to be a source of some kind of synoptic understanding. While living near Ulm he came into contact with a mathematician called Johann Faulhaber, who is known to have been a Rosicrucian, and who probably told Descartes something about the sect's secret beliefs. In later years, in order to deflect the accusation that he himself was a member of the outlawed brotherhood, Descartes said he had found nothing certain in its doctrines. But if he disowned the Rosicrucians, it was not immediately after meeting Faulhaber. Fragments from a notebook he kept after leaving Germany speak of a work in which he intended to lay down 'the means of solving all the difficulties in the science of mathematics . . . The work is offered afresh to learned men throughout the world and especially to the distinguished brothers of the Rose Croix in Germany' (10. 214).

The notebook I have just quoted from goes on to speak of an underlying unity in the sciences: 'If we could see how the sciences are linked together, we would find them no harder to retain in our minds than the series of numbers' (10. 215). It is unclear whether precisely this thought had occurred to him in the winter of 1619, but some related considerations – about the order in which the sciences should be studied – do appear to have been before his mind, if the account he gives in the *Discourse on Method* is to be believed.

Part Two of the *Discourse* gives a report of Descartes's reflections in the stove-heated room. He is supposed to have begun by considering that artefacts are less good when they are the creations of many people than when they are produced single-handed, and worse when they are developed *ad hoc* than when they are made according to a master plan. Still, it is sometimes better not to try to remake completely what has developed in a disorderly way. Just as no one would dream of tearing down and replacing *all* the houses in an unplanned city for the sake of achieving a more attractive overall effect, so, Descartes says, 'it would be unreasonable for an individual . . . to plan to reform the body of the sciences or the established order of teaching them in the schools'

(6. 13). On the other hand, it could well make sense for an individual to raze and rebuild his own particular house, and, by the same token, there might be something to be said for reforming ones's own learning – rejecting everything doubtful in ones's acquired beliefs – while leaving the body of the sciences and the established order of teaching them intact. One of the first conclusions Descartes reached, according to the *Discourse*, was that there would be nothing wrong with his getting rid of all his own – opinions and finding something better to replace them with – so long as he had worked out in advance a *method* of finding replacements (6. 17).

What Descartes looked for was a method that would have all the advantages but none of the drawbacks of the procedures followed in logic, algebra, and geometry. He claimed in the *Discourse* to have found such a method, and to have applied it with some success. 'In fact, I venture to say that by strictly observing the few rules I had chosen, I became very adept at unravelling all the questions which fall under [geometrical analysis and algebra]' (6. 20). A little later he says that, 'since I did not restrict the method to a subject matter, I hoped to apply it as successfully to the problems of the other sciences as I had to the problems of algebra' (6. 21). This is as close as Descartes comes in the *Discourse* to claiming that, while in Germany, he found a master method, a method that was applicable in principle to all scientific questions. He stops short of saying that the method actually *was* adequate for the other sciences. Instead, he reports thinking that since the principles of the other sciences all depended on philosophy, in which he found nothing certain, he had first to establish certainties in that field. What is more, he realized that this was not a task to be undertaken prematurely: 'I thought that I ought not to try to accomplish it until I had reached a more mature age than twenty-three, as I then was, and until I had first spent a long time in preparing myself for it' (6. 22). As we shall see, Descartes's 'preparations' lasted nine years. It was not until 1628 that he began establishing the 'certain principles' he thought were necessary for solving problems in the other sciences.

Chapter 4
'Absolutes', Simple Natures, and Problems

What method, if any, had Descartes discovered before 1628? Part Two of the *Discourse* suggests that at the time of the experience in the stove-heated room he had already identified four precepts by which to guide all his enquiries (6. 18). Critics of the *Discourse* wondered whether this handful of rules could really amount to a 'method'. Descartes himself had sympathy for this objection: in a comment to a correspondent about the right title for the *Discourse* he rejected the advice that he call it a treatise, on the ground that it gave notice of or announced, but did not go so far as to teach, a method. Something more like a treatise is known to have been composed by Descartes around 1628. Never finished, it was to have contained no less than thirty-six rules in three sets of a dozen each. The incomplete treatise was called *Regulae ad Directionem Ingenii* (*Rules for the Direction of the Mind*). Its version of the method is more cumbersome than the one advertised in the *Discourse*, but it is probably more faithful to the general procedure for solving problems that first occurred to Descartes.

In explaining the first twelve rules in the *Regulae*, he goes over some of the points he is supposed to have considered while meditating near Ulm in November 1619. Rule Four says that method rather than curiosity ought to guide enquiry. Commenting on this rule, Descartes dwells on the fruitfulness of known methods for settling questions in the narrowly mathematical sciences, and wonders whether they can be extended to 'disciplines in which greater obstacles tend to stifle progress' (10. 373). He decides that they can be so extended, or rather, he decides that techniques in algebra and geometry are special cases of something more general, a procedure for answering questions about numbers and figures and many other things besides. Later in his discussion of Rule Four, after hinting at the availability of a completely general method of problem solving, he actually asserts the existence of a 'universal mathematics':

> I came to see that the exclusive concern of mathematics is with questions of order or measure and that it is irrelevant whether the measure in question involves numbers, shapes, stars, sounds, or any other object whatever. This made me realize that there must be a general science which explains all the points that can be raised concerning order and measure irrespective of the subject-matter, and that this science should be termed *mathesis universalis* [universal mathematics] . . . for it covers everything that entitles . . . other sciences to be called branches of mathematics.
>
> (10. 377–8)

He goes on to say that this science surpasses the subordinate ones of geometry, astronomy, music, optics, mechanics, and others in 'unity and simplicity', and he adds that on account of its extremely high level of generality it lacks some of the difficulties that impede the special sciences.

Three rules of the *Regulae* are cited as crucial to the whole treatise (10. 392). Rule Five tells the enquirer to 'reduce complicated and obscure propositions step by step to simpler ones, and then, starting with the intuition of the simplest ones of all, try to ascend through the same steps to the knowledge of all of the rest' (10. 379). Rule Six enlarges a little on what counts as 'simple'; Rule Seven gives a technique for 'ascending', in the terminology of Rule Five, from the simplest propositions, to which a difficult question has been reduced, back through all the rest.

Descartes illustrates how these and the other rules can be correctly applied (10. 393 ff.). He starts with the question of the 'anaclastic'. This is the problem in optics of describing the line or path from which parallel rays of light, when they hit a denser medium, are deflected in such a way as to intersect at a single point. A mathematician who knows no physics, Descartes says, will be able to make only limited progress with this problem. He will discover that the line he is seeking depends on a ratio between the angles at which the rays hit the denser medium and the angles at which they are deflected. In discovering this much he will be following Rule Five, which tells an enquirer to resolve a problem by reducing it to simpler propositions, that is, propositions that have to be known for the problem to be solved. One such proposition states the ratio of the angles to one another. But this is as far as the pure mathematician can go, for, in violation of the first rule of enquiry in the *Regulae* (cf. 10. 361), the pure mathematician seeks truth only concerning numbers and figures, not concerning things in general.

A solution to the problem of the anaclastic *can* be found, but only by someone who gets beyond the ratio between the angles and sees what *that* depends upon. What the enquirer must understand is that the ratio between the angles varies with changes in the angles brought about by differences in the media that light rays pass through. And to understand these changes he has to understand other things: the way light passes through the 'subtle matter' appropriate to its transmission, the nature of the action or power of light, and the nature of a natural power in general. Understanding these last things is a matter of grasping propositions even 'simpler' than the one that states the ratio between the angles. And the 'simplest' of all these simple propositions is the one that says what a natural power is.

The nature of a natural power is what Descartes calls the most 'absolute' term in the series of considerations bearing on the problem of the anaclastic (10. 395). In general, the absolute terms of series are those that enable an enquirer to identify the 'simple' things which make unknown natures, like the nature of light, intelligible. Under Rule Six of the *Regulae* he gives some typical characteristics of absolutes:

> I call 'absolute' whatever has within it the pure and simple nature in question; that is, what is viewed as being independent, a cause, simple, universal, single, equal, similar, straight, and other qualities of that sort.
>
> (10. 381)

The list of characteristics looks miscellaneous, until one reads further and discovers that for Descartes all soluble problems could be expressed in terms of equations between known and unknown quantities abstracted from the data relevant to a given problem. Equality gets a mention in the list of absolutes because of the use of equations in articulating relations between knowns and unknowns. 'Straight' comes in because certain equations can be expressed as straight lines in a coordinate system. Absoluteness, in the sense of what can be understood by itself and not in terms of other things, can be illustrated in the case of the anaclastic: the power of light can only be understood if a power in general is understood, but the understanding of a power in general does not depend on the understanding of a particular sort of power, like the power of light.

In the *Regulae* Descartes claims that one finds out the 'main secret' of his method when one learns that all things can be arranged serially, and that in each series there is a progression from the most to the least absolute things (10. 381). The idea is that each 'problem', each matter whose truth or falsity can be determined at all, concerns 'composite things' whose natures are combinations of 'simpler' or more readily intelligible things. Identifying the simple things is a matter of describing the composite things – light and the magnet are two of his examples – in a completely general vocabulary that abstracts only their quantitative features.

Descartes's talk of 'absolutes' depends on a theory of 'simple' and 'composite' natures: unless we are told more of that theory, we are not much helped by being let in on the 'main secret' of his method. How much of the necessary background does Descartes supply? There is something in the *Regulae* about the varieties of composition the simple natures are subject to (10. 422 ff.), and something about composition as the source of error (10. 424 ff.). There is also an enumeration of the simple natures themselves.

Descartes divides them into three classes (10. 419 ff.). First, there are the 'purely intellectual' simple natures. Descartes gives as examples knowledge, doubt, and willing. But only one problem discussed in the *Regulae* – that of determining the scope and nature of human knowledge (10. 395) – brings the simple intellectual natures fully into play. And although Descartes calls it 'the finest example' of a problem there is, and says it is the 'first . . . of all that should be examined by means of the Rules', it is in fact untypical of the questions he submits to his method. The questions or problems he concentrates on are solved with the help of the other two classes of simple natures, what he calls 'purely material' simple natures, and the simple natures 'common' to intellectual and material things.

By a 'purely material' simple nature he means, for example, such a thing as having a shape, having extension (length, depth, and breadth), or being in motion (10. 419). These are natures that belong only to material or physical things, and by knowing their relations to one another in particular types of physical object one is supposed to be able to answer some questions about the powers and qualities of physical objects in general. For example, Descartes claims it is possible to discover what the nature of sound is from the information that 'three strings A, B, C, emit the same sound; B is twice as thick as A but no longer, and is tensioned by a weight which is twice as heavy; C is twice as long as A, though not so thick, and is tensioned by a weight four times as heavy' (10. 431). These data are all to do with relations between lengths, thicknesses, and weights, imagined as measurable in units. Lengths and thicknesses are instances of simple material natures, and measurability in units is one of the 'common natures' (10. 419; cf. 10. 440, 449).

Descartes remarks that from the example of the strings and the problem of sound it can be seen how any well-understood problem, or at least any that has been sufficiently abstracted from irrelevant considerations, can be reduced to 'such a form that we are . . . dealing . . . only with certain magnitudes in general and the comparison between them' (10. 431). In some ways this deserves to be called the 'main secret' of the method in the *Regulae.* What Descartes saw was that many soluble scientific problems could seem *in*soluble because of the way they had been formulated. He thought he had found a method for solving any problem concerning number and figure, and so he made much of a procedure for translating scientific problems that were *not* ostensibly about number and figure into ones that were. With problems in physics principally in mind, he gave elaborate rules for re-expressing them in terms of arrays of points and lines (10. 450 ff.), or, where abbreviation was necessary, in equations between numbers (10. 455 ff.). Re-expressed in these ways, the problems could be reduced to a form in which relations between magnitudes could be easily observed or mechanically calculated.

Though it would have been innovation enough, he did not merely give directions for translating unclear, non-mathematical propositions into a pre-existing and clearer mathematical language: he believed that existing notations in algebra and geometry had themselves to be streamlined and unified. He recalled in the *Discourse* how, as a young man, he had been quick to see deficiencies in the traditional ways of representing mathematical problems. Geometrical analysis, he complained, was 'so closely tied to the examination of figures' that it could not exercise the intellect 'without greatly tiring the imagination' (6. 17–18). As for algebra, it was 'so confined to certain rules and symbols that the end result [was] a confused and obscure art' (6.18).

To bring clarity and unity to both sciences he introduced many notational devices that are still in use in algebra. It was Descartes who invented the convention of representing unknowns in equations by *x*, *y*, and *z*, and knowns by *a*, *b*, and *c*. It was Descartes who pioneered the standard notation for the cubes and higher powers of numbers, as well as the notation for their corresponding roots. More significantly, because it goes beyond notation, it was Descartes who showed how all quantities between which there existed relations expressible in numbers could be represented in geometry by lines, and how lines, including curves, could be represented in algebraic notation. Readers who are familiar with representing solutions to equations by using *X* and *Y* axes to plot coordinates are acquainted with techniques that, if not invented by Descartes, were developed and applied by him in novel ways in his *Geometry*.

The *Regulae* anticipated some of the innovations of the *Geometry*, at least in outline, and, again in outline, it adapted some of the techniques of the revamped algebra and geometry for the solution of problems in the other sciences. Descartes had intended to show in the last twelve rules of the *Regulae* how any problem at all, however bald its initial formulation, could be translated into a question where the route from known to unknown was as clear as in mathematics. He does not seem to have composed the last dozen rules. But in the twenty-one or so he did assemble, he arrived at a highly distinctive theory of enquiry in general, traces of which we shall encounter in discussing writings that came after the *Regulae*.

Chapter 5
Roaming about in the World

For nine years after he had had his vision in Germany Descartes 'did nothing', according to the *Discourse*, 'but roam about in the world . . .' (6. 28). It was a period taken up mainly with travelling outside France. Exposure to foreign customs and beliefs was supposed to help him detach himself from prejudices and errors picked up in his youth. He would gain experience and develop the sort of maturity necessary for 'the most important task of all' – that of discovering sure principles in philosophy. Or, at least, that is how the *Discourse* puts Descartes's journeys into the context of his intellectual development.

The *Discourse* says nothing about where Descartes's travels took him, or what happened along the way. It is not that sort of autobiography. It is less a record of events in the author's life than an account of the structure of the sciences, told in the form of a story of one man's progress in self-instruction. Descartes begins the story, as we have seen, by noting his dissatisfaction with his schooling, and his discovery of a method that would correct all that was wrong with it. He goes on to describe how he first applied the method with some success in mathematics, and how, before taking it further, he saw that he would have to make a detour into philosophy, which itself required him to get more experience. This much takes up two of the six parts of the *Discourse*. In later parts he describes what happened when he was at last ready to venture into philosophy: he succeeded in finding the principles he was seeking and resumed the work of bringing method to the other sciences: physics, mechanics, and finally the human sciences.

Though on the surface the *Discourse* relates things in chronological order, the real pattern of Descartes's narrative is an idealized order for teaching oneself the sciences. First there is 'logic', in the form of the four precepts of the new method, then mathematics, then philosophy, followed by physics, mechanics, medicine, and morals. Descartes's mention of his travels fits into this story not so much as a report of what happened between 1619 and 1628, but as an attempt to show within what limits he pursued the method he chose of correcting his previous beliefs. We have already seen from the *Discourse* that his procedure was to reject anything that was in the least doubtful in his learning. This approach was open to misunderstanding. Anxious to dispel any impression that in the process of removing his prejudices he was simply following in the path of the philosophical sceptics and adopting a position of destructive doubt that would leave *no* belief standing, and that would paralyse him in practical affairs, he tells in the *Discourse* how he simultaneously led the active life of a traveller *and* demolished his former opinions. He was able to do both things, he explains, because he exempted from the destructive phase of his self-instruction the maxims of a provisional moral code, the tenets of his religion, and his belief in the bindingness of his country's laws and customs. He needed to hold onto all these things if he was to be able to act effectively at the same time as he engaged in extensive self-questioning.

He compared his provisional moral code and religion to the temporary shelter someone needs to live in while his house is being demolished and rebuilt (6. 22). We must take this comparison seriously if we are not to dismiss Descartes's project of criticizing his beliefs as half-hearted. Temporary shelters are the sort of things that can be destroyed, or at least abandoned, once one has one's permanent home: Descartes's extremely anodyne moral code was similarly open to revision, criticism, even rejection, once the main structure of the sciences was erected. As for the truths of religion, these would *at first* be taken on trust, and would afterwards be proved in the course of his establishing sure principles in philosophy. But initially, according to the *Discourse*, he took his morality and his religion uncritically, and set about dismantling his other opinions.

'As I expected to be able to achieve this more readily by talking with other men than by staying shut up in the stove-heated room where I had all these thoughts, I set out on my travels again at the end of the winter [of 1619–20]' (6. 28). Descartes did make a number of journeys over the next nine years, but it was by no means a period of continuous wandering, as the *Discourse* claims, and until he settled for a time in Paris, between 1626 and 1628, it is not clear that he did in fact put his opinions to the test by 'talking with other men'. In any case, it is hard to see how Descartes could have believed that conversation would help him to correct his opinions, if he also believed that other men acted as mouthpieces for learning no less suspect than his own. Besides, he almost invariably describes the business of rooting out error as something to be conducted on one's own. This raises the question why remaining in the stove-heated room would not have been just as suitable for his purposes as returning to society. In the end one must take the various claims made in the *Discourse* about the things he did, the times he did them, and his reasons for doing them, as one would take claims made in a fable. It was as a fable that Descartes presented the book to his readers (6. 4).

Probably he did *not* leave the stove-heated room with the plan of delaying his work in the sciences. Although the *Discourse* says he had identified a task in philosophy that he needed to discharge before he could apply his method outside algebra and geometry, it is not clear that he actually postponed applying the method, or that he had cut out for himself any project in philosophy. It is possible that the need for metaphysical investigations only became clear to him in Paris some six or seven years after leaving Germany. As for putting off the application of his method outside pure mathematics, the notebook that survives from the period suggests that in 1620 the method was already being applied in Descartes's work on principles for the construction of telescopic lenses. Again, it is known that the young Descartes was haunted by the fear that he would die before he had had time to complete his life's work: it is reasonable to suppose that such a fear would have made him push on, rather than procrastinate. That he produced only unfinished work for nine years is more likely to have been the result of his trying and failing to complete something, than of a policy of holding back until his ideas had matured.

Of his travels after the crucial winter of 1619–20 little is known for certain. He probably resumed military service as a volunteer and travelled for a time with the army of the Duke of Bavaria. He may have transferred to another army in 1621 and passed through Silesia and Poland. His notebook for this period recounts a dramatic episode that occurred on a side trip Descartes and his valet made in Friesia. Sailors on a boat he had hired conspired to take his money and kill him. But Descartes overheard their scheming, drew his sword, and threatened to run them through if they tried to harm him. His would-be attackers backed down.

In 1622 Descartes returned to France, spending some time in Paris and with his relations in Brittany. A letter dated May 1622 records the sale in that year of various properties that had been given to him by his father. The proceeds spared him the need ever to earn a living. In March 1623 he set off for Italy, where he travelled for more than two years. One of his first destinations was the shrine of Our Lady of Loretto. He had made a vow to make a pilgrimage there in thanks for the vision he had experienced in 1619. He later visited Rome and Florence, making his way back to France, probably in May 1625, by way of the Alps. It is said that on his return Descartes was given the opportunity to buy the lieutenant-generalship of Châtellerault, but that he was appalled by the price and declined. In the following year, 1626, he installed himself in Paris. Except for some occasional excursions to the country, he remained there for about three years.

Chapter 6
Paris

Descartes was nearly thirty when he moved to Paris. In the six or seven years since he had left Germany he had done little to construct his wonderful science; in Paris his intellectual activity continued to be sporadic and unfocused. Part Three of the *Discourse* does not explicitly distinguish his Paris days from those spent on his travels, but there are two passages that may relate to his time in the city. In one, Descartes reports that throughout his nine years of roaming

> I continued practising the method I had prescribed for myself. Besides taking care in general to conduct all my thoughts according to its rules, I set aside some hours now and again to apply it more particularly to mathematical problems. I also applied it to certain other problems which I could put into something like mathematical form.
>
> (6. 29)

The 'mathematical problems' may have been those of duplicating the cube and trisecting the angle. Descartes's solutions, if not worked out in Paris, were shown there to the mathematicians Claude Mydorge and Sebastian Hardy. The 'certain other problems' could have been to do with the optimal curvature for certain types of lenses. He is known to have worked on theoretical and experimental optics while in Paris, sometimes in collaboration with Mydorge. He also befriended, and later tried to employ as a personal assistant, an optical instrument-maker named Ferrier.

The second passage from the *Discourse* that may concern Descartes's Paris days comes near the end of Part Three. Here Descartes notes that he had maintained a kind of neutrality in intellectual matters, having chosen, he said, to be a spectator rather than an agent in his travels, a critic of his own ideas rather than a builder of theories in his private reflections:

> Those nine years passed by . . . without my taking any side regarding the questions which are commonly debated among the learned, or beginning to search for the foundations of any philosophy more certain than the commonly accepted one. The example of many fine intellects who had previously had this project, but had not, I thought, met with success, made me imagine the difficulties to be so great that I would not have dared to embark on it so soon if I had not noticed that some people were spreading the rumour that I had already completed it.
>
> (6. 30)

He goes on to say that he had done nothing to encourage the rumour, but that once it was in circulation he tried to live up to it and find foundations for a new philosophy.

What was Descartes referring to when he wrote of 'questions which are commonly debated among the learned'? It is known that in August 1624 over a thousand people gathered in a great Paris hall to hear a public disputation of fourteen theses against Aristotle. But the debate was prevented by official edict, and later, at the request of the Sorbonne, a ban was placed on the teaching of any proposition critical of the ancient learned authorities. Criticism of Aristotle, and of the whole body of scholastic teaching that Descartes and the rest of the educated French public received, was growing more audible in the 1620s. In Paris it was welcomed by a public with a strong appetite for the irreverent and licentious in literature, and probably for subversive ideas of any kind in philosophy and theology. A long trial of perhaps the leading satirical poet of the period, Théophile de Viau, took place while Descartes was in Italy, and it was still alive in people's minds in 1626, when he moved to Paris. The trial had made a kind of hero of the poet, and probably created a great following for the risqué and uninhibited in the arts, and the *avant garde* in philosophy.

Whatever posture he adopted publicly, Descartes could not have been indifferent to criticisms of the scholastics, or to the growing influence of atheistic ideas among his educated contemporaries. He was himself disenchanted with scholastic teaching. He was also friendly with many Catholic churchmen anxious to make belief in God intellectually respectable. One of these was Marin Mersenne, a Minim friar a little older than Descartes, whose schooldays at La Flèche had overlapped with Descartes's. In 1624 and 1625 Mersenne had gone into print with book-length polemics against *libertin* impiety and atheism, on the one hand, and philosophical scepticism about the possibility of science, on the other. The book directed against the *libertins* was prompted by wide popular support for Théophile during his trial. The anti-sceptical tract sought to undercut one particular kind of criticism of scholastic teaching, according to which the physics, logic, and mathematics of the schools were bankrupt because science itself – stable, systematic knowledge – was beyond the capacities of human beings. Mersenne answered this criticism by pointing out that at any rate mathematics was within the capacities of people, and *that* deserved to be called 'science'. Descartes, as we shall see, devoted his best-known book, the *Meditations*, to the topics of both Mersenne's polemics. But that was much later.

While Descartes was in Paris he must have been aware of the controversies concerning atheism and scepticism, but probably he did not get involved. Later, after he had left Paris, Mersenne saw that he was kept abreast of further developments in the debates, especially in connection with scepticism. From the late 1620s he acted as Descartes's chief correspondent, as well as his publicist and researcher, literary agent, social secretary, and occasional scientific collaborator. Mersenne probably also helped to introduce him to local scientists and mathematicians during the Paris days. Descartes came into friendly contact with other churchmen at about this time, and was undoubtedly influenced by them. Guillaume Gibieuf, a member of the newly founded oratory in Paris, helped to form some of Descartes's opinions about the human and divine will. And it was through the intervention of Pierre Bérulle, a cardinal attached to the oratory, that Descartes promised to devote himself to the reform of philosophy.

Bérulle's intervention was prompted by an impressive speech Descartes made, when invited to give his opinion of a lecture critical of scholastic philosophy. The lecture was given by a chemist called Chandoux before an audience that included Descartes and Bérulle, at the home in Paris of the Papal Nuncio, probably in the autumn of 1627. Chandoux spoke persuasively, and got the enthusiastic applause of everyone present except Descartes. Bérulle invited Descartes to respond, which he did in a speech so brilliant that he won everyone over to his own view. While Descartes agreed with Chandoux that something was needed to take the place of scholastic philosophy, he argued that anything that replaced it would have to be guided by a method of reasoning capable of leading to certainty, not merely probable conclusions. Descartes apparently illustrated the preferred method, for in recalling his speech in a letter of 1631 he reminded someone who had been present, Étienne de Villebressieu, that 'you saw . . . two results of my fine Rule of Natural Method in the discussion which was forced on me in the presence of . . . all that great and learned company assembled at the Nuncio's palace' (1. 212). Perhaps Descartes's display started the rumour that he had discovered new foundations for philosophy.

Shortly after Chandoux's lecture, Bérulle met Descartes privately and got assurances from him that he would dedicate himself to the reform of philosophy according to the new method. Descartes kept his promise by getting down to work on the *Regulae*. The task of describing his method and applying it outside mathematics had in any case been on his agenda for a long time; thus he was not so much committing himself to a new undertaking as making a decision to carry out a long-standing plan. Still, Descartes now did something to prepare himself for serious work. Over the winter of 1627–8 he went on a retreat, leaving the fashionable Parisian circles in which he had been enjoying himself when not engaged in short bursts of scientific work. It was the beginning of a period of living mostly in seclusion, which was to start in earnest with his departure for Holland from Paris in the autumn of 1628.

Chapter 7
The Suppressed Physics

Newly returned to the country where his intellectual awakening had begun in 1618, Descartes was probably feeling the weight of other people's expectations. Not only Bérulle but many others in Paris had been struck by his talent, and they now waited to see what he would produce. Descartes had started and then abandoned some treatises in Paris (cf. 1. 135); now he set about composing a short book that he thought would be the work of no more than a few months.

He took elaborate precautions against interruption, setting up home until September 1629 in the extreme north of Holland, near Franeker. There, according to a letter he wrote in November 1630 to Mersenne (1. 177), he began 'a little treatise on metaphysics . . . in which I set out principally to prove the existence of God and of our souls when they are separate from the body, from which their immortality follows'. The little metaphysical treatise went the way of many other earlier pieces of work and was left unfinished. For a time, in May 1630, Descartes seems to have toyed with the idea of collecting what he had written in an Answer to a 'wicked book', probably favourable to atheism, that Mersenne mentioned to him in correspondence, but this plan, too, was dropped.

Another project Descartes embarked on soon after his arrival in Holland would have spared him the need to write for publication. But it depended on the collaboration of a Parisian instrument-maker, Jean Ferrier. Descartes tried hard to tempt Ferrier to come to Holland, sending him specifications for an exciting machine he had designed for cutting telescopic lenses. Had they been produced, the machine and its lenses would probably have assured Descartes's reputation early. But Ferrier could not be persuaded to move to Holland, and the scheme for making the machine was abandoned.

The third project Descartes embarked on was far more ambitious. In various forms it occupied him for the rest of his life. From 1629 he worked on a large-scale treatise that would outline a unified explanation of all natural phenomena. This work was published only after Descartes's death, the first part under the title *The World or Treatise on Light*, another part as *Treatise on Man.* While he was alive theories in physics of the sort developed in the first part of the full-length treatise were proscribed by the Church. His decision to suppress this part led to his holding back *Treatise on Man* as well. But he never abandoned his third project. The period of his working life that was not spent actually producing the large-scale treatise was taken up with making it safe to publish an expurgated version of the physics it contained.

When Descartes started to write *The World* in 1630 he did not think it would take long to produce his outline theory of nature. He planned to have the treatise ready for posting to Mersenne by the beginning of 1633. In the event it was not completed on schedule: corrections were still being made in July 1633. Worse, when it *was* finally ready for press, Descartes heard that Galileo had been condemned by the Inquisition at Rome for teaching (in his *Of the Two Great Systems of the World*) the doctrine of the earth's movement. *The World* contained a 'hypothesis' of terrestrial motion that could not easily be excised without spoiling the rest of the book. Fearful of suffering Galileo's fate, Descartes wrote to Mersenne in 1634 that he would not publish.

The World enjoyed a kind of afterlife. The whole of Part Five of the

Discourse is spent describing it and the companion work, *Treatise on Man*. Later, Descartes was to include further material from *The World* in his *Principles of Philosophy*.

From the version of the original text that survived and was published after Descartes's death, it is clear that in *The World* he stopped short of *asserting* the doctrine of terrestrial movement. Here he was helped by the literary form of the treatise. As in the *Discourse*, which appeared three years after *The World* had been suppressed, Descartes claimed only to be unfolding a fable – a story of the workings of an imaginary universe, though one that was to all appearances identical with the actual physical world.

Chapters 6 and 7 of *The World* give a description of this imaginary universe and the laws that govern it. Descartes first invites his readers to think of the universe as if from some point in an imaginary space extending away in all directions, like an ocean as viewed from some point on it far away from land. Next, one is supposed to imagine God creating an unspecified kind of matter that completely fills every part of space. The idea of a perfectly full universe was distinctively worked out in Cartesian physics. Descartes knew it offended against traditional teaching as well as common sense. It led him, for example, to postulate an insensible, subtle matter in any part of space in which nothing visible or tangible presented itself to the senses. Yet Descartes believed that it was less difficult to maintain the hypothesis of an insensible form of matter than to assert the principle of nature's abhorrence of a vacuum, which had to be invoked to explain certain phenomena if the idea of the full universe was rejected. Matter was supposed to take up all of space and its parts were supposed to be in constant motion. Motion in any part of the universe meant the instantaneous exchange of places by parcels of matter in that part of the universe. Descartes thought that in these instantaneous exchanges matter would move in circles or rings. The idea was that a moving body would not push away all other matter but only as much as was needed to fill the space it vacated and complete a circular path starting from the position of the original moving body. In *The World* this circular motion was compared with the movement of a fish deep in a pool: the sweep of the fish's fin would displace the water round it, not all the water in the pool. And the displaced water would fill up the space the fish was continuously vacating.

Descartes stipulated that the nature of the matter in his imaginary universe was to be completely intelligible; it could not be supposed to have any qualities or to assume any forms that were unclear to the intellect. In the spirit of this stipulation he assumed that his imaginary universe was devoid of

> the form of earth, fire or air, or any other more specific form, like that of wood, stone, or metal. Let us also suppose that it lacks the qualities of being hot, cold, dry or moist, light or heavy, and of having taste, smell, sound, colour, light or any other such quality in the nature of which there might be said to be something not clearly known by everyone.
>
> (11. 33)

In excluding all these things he relies on arguments with which he opens *The World*, arguments designed to show that much obscurity surrounds both common-sense ideas about forms and qualities and scholastic teaching concerning them.

After saying what matter in his imaginary universe cannot be like, he specifies the forms it does possess. It 'may be divided into as many parts having as many shapes as we can imagine, and . . . each of its parts is capable of taking on as many motions as we can conceive' (11. 34). Descartes asks his readers to assume with him that the matter he is describing is not only capable of being divided and distinguished, but that God really does divide it, and that any differences he creates in it consist of 'the diversity of the motions he gives to its parts', that is, diversity in respect of speed and direction of movement in the parts.

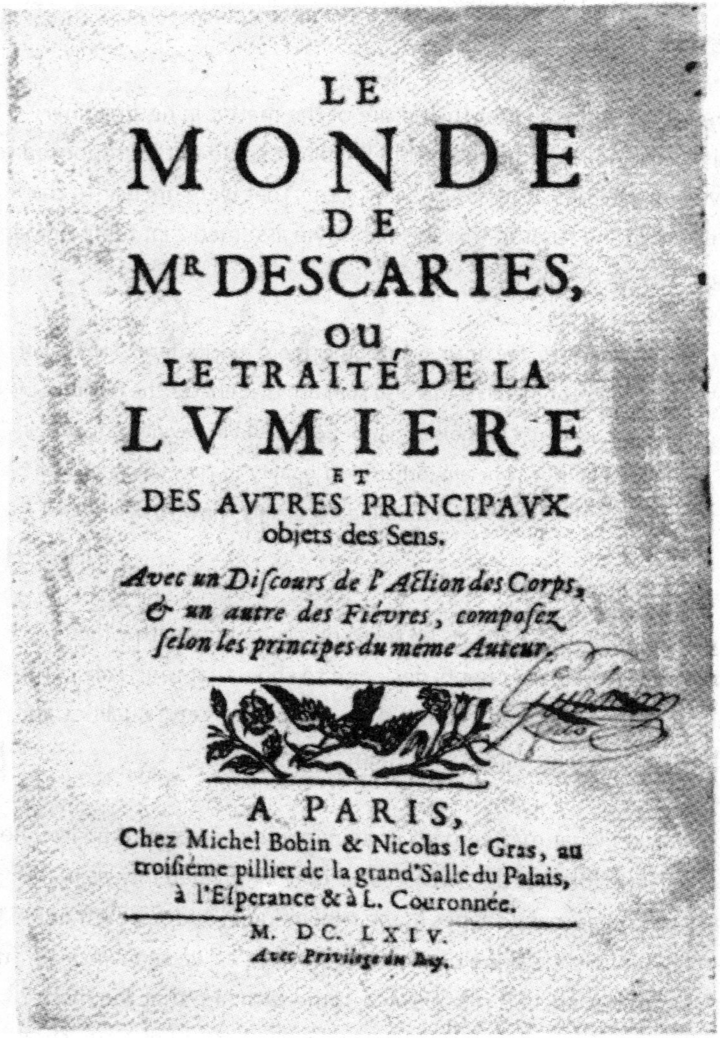

LE
MONDE
DE
MR DESCARTES,
OU
LE TRAITÉ DE LA
LVMIERE
ET
DES AVTRES PRINCIPAVX
objets des Sens.

Avec un Discours de l'Action des Corps, & un autre des Fiévres, composez selon les principes du méme Auteur.

A PARIS,
Chez Michel Bobin & Nicolas le Gras, au troisiéme pillier de la grand'Salle du Palais, à l'Esperance & à L. Couronnée.

M. DC. LXIV.
Avec Privilege du Roy.

3. Title page of Descartes's *Le Monde*, written between 1629 and 1633 but withheld from publication until 1664

Descartes goes on to describe as 'laws of nature' three ways in which matter must behave, given that it has length, depth, and breadth and parts of particular shapes, moving at different speeds. The first law states that unless collision with another part occurs, each part of matter retains the shape, size, motion, or rest it originally has (11. 38). The second law says that one part of matter can only gain as much motion through collision as is lost by the part colliding with it (11. 41). The third law says that the motion of any moving body *tends* to be rectilinear, even if in fact it is circular or curved through collision (11. 43). According to *The World*, no properties besides spatial extension and motion have to be attributed to matter in order to make sense of observed effects in the inanimate world; nor do any laws in addition to the three fundamental ones have to be specified for describing the most general effects in nature: division, deformation, and accumulation of matter through impact, and increase or decrease of motion (cf. 11. 47).

Though Descartes attributed both extension and motion to matter, only extension – three-dimensional spatial layout – was supposed to be essential. He never said that matter had to have moving parts; he held that if matter had parts distinguishable by motion, natural effects we actually do observe were to be expected. In particular, he held that if parts of matter in a vacuumless space were distinguished by varieties of circular motion (cf. 11. 19), effects would be as we observe them to be. Astronomical effects, such as the paths and speeds of the planets, were traced by Descartes to a circular motion like the action of a whirlpool in celestial matter. Thus, the planets were swept round in a vortex centred on the sun. More locally, another vortex swept the moon round the earth. The local vortex motion explained why objects on the earth's surface were not thrown off at a tangent while the earth rotated: the whirlpool action would make all surface objects gravitate towards the centre of the whirlpool (the earth's centre). Similarly, instead of being thrown off into space by their movement round the sun, the planets would gravitate towards the centre of *their* whirlpool.

These theses about planetary motion were the ones Descartes feared would offend the Inquisition at Rome. The only doctrine then approved for teaching by the Church was the one inherited by the scholastics from Aristotle. It taught that the earth was the fixed centre of the firmament. *The World* contained other claims, too, that would not have pleased officials of the Roman Catholic Church. It stipulated, for example, that once God had given matter its original motions, He would not make further interventions in the course of nature and would only sustain its operations by way of the three laws of nature. In other words, there would be no miracles to disrupt the course of nature (11. 48). A stipulation like that would have given critics quite enough to sustain a charge of impiety.

In order to make his physics acceptable he had either to revise it in a way that would conciliate the Church, or to disguise its consequences, or to erect the whole doctrine on principles that not even the most hidebound of his religious critics could object to. Eventually, in the *Meditations* and the *Principles of Philosophy*, he adopted the third of these approaches. He tried to show that scientific knowledge of the physical world depended on the existence of a mind or soul distinct from the body, a mind or soul that had to know God before it could grasp the principles of a sound physics. But in the short term he resorted to selective reporting of the contents of *The World* and to a suggestive but sketchy account of his scientific method.

Chapter 8
Three Specimens of a Method

Once he had decided not to publish his physics, the *Treatise on Man*, which Descartes had intended as a kind of tailpiece to *The World*, had also to be put on one side. It dealt with the nature of men, or the counterparts of men on the imaginary earth described by the treatise on physics. The book had a simple structure. Descartes planned to describe first 'the [human] body on its own; then the soul again on its own; and finally, how these two natures would have to be joined and united in order to constitute men who would resemble us' (11. 120).

Parts of the description of 'the body on its own' were based on an optical treatise Descartes had worked on as early as 1630. This material on optics was now dusted off, and perhaps expanded; by 1635 it had been put into a publishable form, under the title of the *Dioptrics*. Another essay, planned as early as 1629, and concerned with, among other things, 'the causes of winds and thunder' and 'the colours of the rainbow' (cf. 1. 338 ff.), was prepared under the title of the *Meteors*. Descartes intended to publish both essays as specimens of his method. A separate *Discourse* – the pseudo-autobiography mentioned earlier – would introduce the method itself and its applications in the two essays. While the *Meteors* was with the printer, probably at the end of 1636, Descartes is supposed to have composed his *Geometry* as a third example of the method. He wrote the *Discourse on Method* last. The four works were collated and published as a single work in 1637.

The literary form of the *Discourse and Essays* solved many of the problems that had previously kept Descartes from publishing. He found it difficult to write large-scale works: the chosen format made it possible to combine a number of shorter pieces into a sort of album or portfolio of his best results. He was unwilling to run the risk of offending the Church: the plan of unveiling miscellaneous specimens of his work allowed him to advertise his method without revealing its controversial applications in connection with planetary motion. Finally, he knew that admirers in Paris expected him to develop work they had seen glimpses of in the 1620s: they would not be disappointed by essays on optics, geometry, and meteorology. Descartes had collaborated with Mydorge and Mersenne in Paris on the study of refraction, and the topic was fruitfully pursued in the *Dioptrics.* The machine for cutting telescopic lenses that he had described in letters to Ferrier was also specified in the book. Problems in geometry whose solutions he had shown privately to Mydorge and Hardy in Paris were detailed in *Geometry.* Finally, the *Meteors* made public some hypotheses that Descartes seems to have formulated before starting work on *The World*, perhaps while he was in Paris.

A letter of February 1637 (1. 347) shows that Mersenne urged Descartes to publish his physics with the *Discourse* also, lest the public be kept waiting indefinitely for any more of his work. Descartes gently rejected the suggestion. He had not given up hope of publishing the physics, but he wanted the intellectual climate to be favourable, and he thought the *Discourse and Essays* would help to create the right conditions. In a covering letter attached to one of the copies he was distributing privately, he wrote that 'the whole purpose' of publishing them was to clear a path for his physics.

What did the three *Essays* contain? The *Dioptrics* took up the topics of light, vision, and artificial means of enhancing human powers of sight. It was called 'dioptrics' because it dealt with the refraction of light rather than with reflection ('catoptrics'). The nature of light had been discussed at length at the end of *The World*. In the *Dioptrics*, it occupied the first chapter. Descartes solicited comments, questions, and objections concerning all three essays: perhaps he hoped to receive a request for an elaboration of the theory of light in the *Dioptrics* so as to have a pretext for issuing material from *The World* in reply.

The opening chapter of the *Dioptrics* is almost coy when it comes to spelling out the nature of light: 'I need not attempt to say what is its true nature. It will, I think, suffice if I use two or three comparisons . . .' (6. 83). Descartes compared the action of light through transparent bodies like air with the action of resisting bodies on a blind man's stick. He compared the cause of the appearance of colours with motions a ball can acquire as it bounces off different textured surfaces. These comparisons were a way of putting over his acceptance of a form of explanation that traced all sensory appearance to contact between moving bodies. At times his comparisons were unfortunate. They committed him to holding, incorrectly, that the denser the medium a light ray is passing through, the quicker its passage. The English philosopher Hobbes and the French mathematicians Fermat and Roberval were quick to object to this implication of Descartes's optical theory, and further criticisms were made of its other suggestions concerning the nature of light.

The comparisons at the beginning of the *Dioptrics* were exact enough, nevertheless, to yield a formulation of the sine-law of refraction, which determines in general the way a light ray is deflected, according to the density of the media it passes through. (It is unclear whether Descartes discovered the law on his own, or whether he borrowed it from the Dutch scientist Snell, to whom it is usually attributed.) Later chapters of the *Dioptrics* dealt with the make-up of the eye, the perception of distance, and the best shapes and arrangements of lenses for long-range and microscopic viewing.

The *Meteors* is divided into ten discourses on a variety of topics:

terrestrial bodies, vapours and exhalations, the nature of salt, winds, clouds, rainbows, snow and hail, storms, and a few other phenomena. Apart from its theory of the rainbow, the second of the three essays is mainly remarkable for the economy and unity of its explanations. In chapter 5 of *The World*, Descartes set about constructing an imaginary world out of a type of matter to which he attributed only motion, size, shape, and specific arrangements of parts (11. 26). In the *Meteors* he proposed to explain well-defined groups of more particular phenomena on the same basis. In this he was not alone. Galileo, and later Boyle and Newton, worked with roughly the same apparatus. The *Meteors* was thus one object lesson among others in explanation by matter and motion. But Descartes tended to regard this form of explanation as his own. As he pointed out in reply to objections to the *Meteors* from Jean-Baptiste Morin, professor of the Collège de France in Paris,

> you must remember that in the whole history of Physics people have only tried to imagine some causes to explain the phenomena of nature, without hardly ever having succeeded. Compare my hypotheses with the hypotheses of others. Compare all their real qualities, their substantial forms, their elements and their other countless hypotheses with my single hypothesis that all bodies are composed of parts . . . Compare the deductions I have made from my hypothesis – about vision, salt, winds, clouds, snow, thunder, the rainbow, and so on – with what others have derived from their hypotheses on the same topics!
>
> (2. 196)

He thus claimed to be doing away single-handed with the whole outmoded apparatus of scholastic physics.

The form of explanation Descartes dismissed consisted of tracing the observed properties of individual things to the natures or forms that made individuals belong to one kind rather than another. The background theory appropriate to this form of explanation assumed that nature was inherently ordered and stable, and that each kind of thing had a proper and characteristic sort of behaviour and development, owing to its nature. Thus it was proper for stones to fall towards the centre of the universe because it was the nature of stones to do this. It was the nature of celestial matter to turn regularly and eternally in place, and the nature of acorns to develop into oak trees. Except for what happened by accident to observed objects, all their behaviour was to be traced to some stable underlying nature or form, which was different for each observationally distinct type of thing. If the behaviour of a thing was not traceable to its form, then it had to be due to the stuff it was made out of, or the purpose it would fulfil when it became a properly developed specimen of its kind. Newly observed properties of substances had to be explained *ad hoc*, by adding to the qualities or forms those substances were supposed to have by nature. It was this sort of *ad hoc* explanation that was ridiculed in Molière's story of the doctor who explained opium's power of putting people to sleep by citing its hidden dormitive virtue. Descartes pointed out to a correspondent in 1642 that, without having denied or rejected these virtues or qualities in the *Meteors*, he had 'simply found them unnecessary in setting out my explanations' (7. 491).

The 'single hypothesis' he used instead was more powerful than scholastic assumptions about forms and qualities, as the *Meteors* showed. At the beginning of the book Descartes explains, by reference to the shape and arrangements of the parts of matter alone, how solid and fluid bodies can be formed. In order to explain the transmission of light, he postulates a very fine, subtle sort of matter, not accessible to the senses, but distributed among the very minute parts or 'pores' of every body, fluid and solid. This matter produces heat in proportion to the vigorousness of its agitation by the rays of the sun. Descartes cites this to explain why one feels warmer during the day than at night, and why it is warmer the closer one gets to the equator. Other hypotheses he puts forward also invoke this very fine, subtle matter. The agitation of the subtle matter in the pores of bodies, for example, causes small

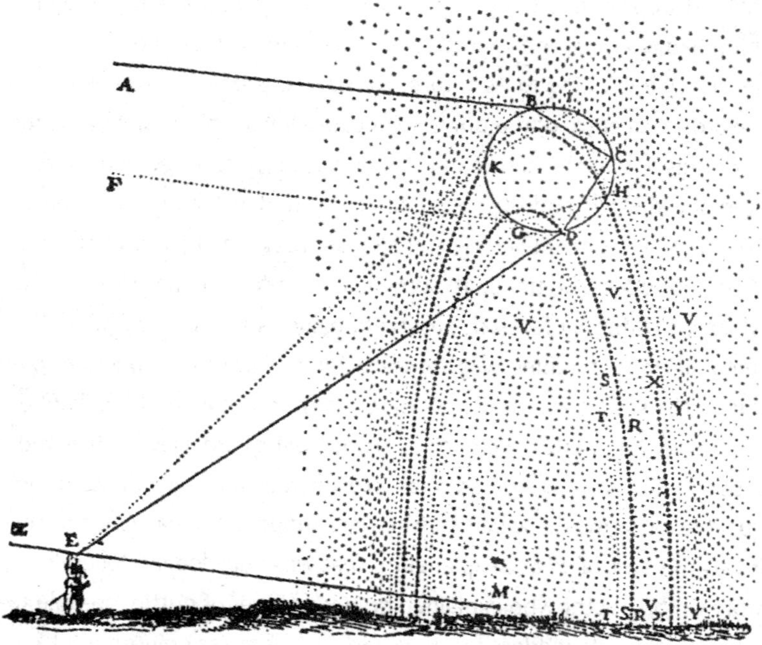

4. From the *Meteors* explanation of the rainbow

parts of those bodies to be detached and raised into the air: hence the existence of vapours. Salt is composed of long, rigid particles that do not vaporize when present in water: they are too heavy and inflexible to remain airborne. Sea water may be desalinated if passed through sand, for the particles of sand obstruct the long, rigid particles of salt while letting water particles through. These are illustrations of the phenomena systematically explained in the early 'discourses' of the *Meteors*.

Not that everything said in these parts of the book is accurate. Far from it. The 'fact' that water freezes more quickly if it is first boiled is no fact at all, and some of Descartes's 'explanations' are easily confuted by experiment. He did better when he took up the subject of the rainbow, for he was in a position to put to use his knowledge of the law of refraction to explain the circular shape of the bow, if not the order and arrangement of the colours.

When explaining the purpose served by each of his *Essays* (9B. 15), Descartes said the *Dioptrics* called attention to a beneficial art (the art of telescope making) made possible by his science, while the *Meteors* was meant to show, in respect of topics routinely dealt with by scholastic physics, how much more could be accomplished using novel hypotheses. 'Finally, in the *Geometry*, I aimed to demonstrate that I had discovered several things which had hitherto been unknown . . .' (9B. 15).

Descartes thought that his best results were to be found in the third of his essays. Some of its reforms of mathematical notation, and of the prevailing conceptions of the operations of squaring, cubing, and so on, have already been mentioned in connection with the *Regulae*. A further innovation was the description of a machine for drawing curves – curves that had previously been thought indescribable by strictly geometrical techniques, and that had been labelled 'mechanical' rather than 'geometrical' for that reason. Descartes showed that many 'mechanical' figures could in fact be assimilated to geometrical ones. He also gave a very full theory of equations, and of techniques for representing lines and figures by equations. The relation of Descartes's theory of equations to those of his predecessors became the subject of a long dispute between Descartes and other mathematicians.

It is generally agreed that Descartes made the *Geometry* and its method appear more complicated than necessary: it was a sort of insurance against the theft of his techniques. But it also prevented all but a few from being able to appreciate his reforms. Readers of the *Geometry* would certainly have been convinced that Descartes was a mathematician of genius: he succeeded, among other things, in solving for the first time a problem of the ancient geometer Pappus. But the general method Descartes was proposing in the book was kept well wrapped up. It baffled very able mathematicians, including, apparently, the one who had first proposed that Descartes should try to solve Pappus's problem.

Chapter 9
A New 'Logic'

The *Dioptrics*, *Meteors*, and *Geometry* were not free-standing treatises but advertisements for a novel method of reasoning in the sciences. Descartes believed that the method would be adequate for producing a complete physics, but he did not go to great lengths to proclaim as much. He hoped the potential of the method would be evident from his general explanation of it and from its applications in the *Essays*. He was over-optimistic. The *Essays* proved controversial and his explanation of the method struck some readers as skimpy and question-begging. As we shall see, he eventually saw the need to fill the gaps with principles from metaphysics.

The treatment of his method came in the form of a preface to the Essays called the *Discourse on the Method for Rightly Conducting the Reason and Searching for Truth in the Sciences*, better known as the *Discourse on Method.* The work was originally intended to bear a different, and slightly breathless, title: *Plan for a Universal Science Capable of Raising our Nature to its Highest Degree of Perfection.* Advised by Mersenne to call his book simply *Treatise on Method*, Descartes settled finally for 'Discourse', insisting that it was less a treatise than a simple 'notice' or 'announcement' (*avis*) of the method that would be found in the *Essays.*

This 'notice' had an unusual form. True to Descartes's aim of reaching the 'uninstructed', it was written in French, rather than Latin. It was outwardly an autobiography, but of an unspecified intellectual: the *Discourse and Essays* was published anonymously. So besides learning that the events in the author's life were being related as if they were goings-on in a fable, the reader of the *Discourse* was left guessing at the identity of the narrator. (That it was Descartes soon became widely known.) Much else was only hinted at in the *Discourse*, including, as the author himself conceded, the workings of the method the book was about. In a covering letter accompanying an advance copy of the book, Descartes said that in the *Discourse* he proposed 'a general method, which I do not really expound' (1. 368).

He was probably holding in reserve the *Regulae*, or some successor to the *Regulae*, for a full statement of the method. In the *Discourse* he did not get beyond stating four of its precepts:

> The first was never to accept anything as true if I did not have evident knowledge of its truth. That is, carefully to avoid precipitate conclusions and preconceptions, and to include nothing more in my judgements than what presented itself to my mind so clearly and distinctly that I had no occasion to doubt it.
>
> The second, to divide each of the difficulties I examined into as many parts as possible and as may be required in order to resolve them better.
>
> The third, to direct my thoughts in an orderly manner, by beginning with the simplest and most easily known objects in order to ascend little by little, step by step, to knowledge of the most complex, and by supposing some order even among objects that have no natural order of precedence.
>
> And the last, throughout to make enumerations so complete, and reviews so comprehensive, that I could be sure of leaving nothing out.
>
> (6. 18–19)

The last three precepts correspond exactly to Rules Five, Six, and Seven of the *Regulae*, which were touched on earlier (pp. 14–15). There is the same stress on the resolution of problems into components, on the primacy of the 'simple', and on comprehensive reviews of relevant data.

What about the first of the four rules? This, too, is reminiscent of the *Regulae*, Rule Two of which says that in enquiry 'we should attend only to those objects of which our minds seem capable of having certain and indubitable cognition' (10. 362). In the *Regulae* Descartes identified the relevant 'objects' with the numbers and figures of arithmetic and geometry, and demonstrations concerning them (10. 364–5). But in the *Discourse* even the demonstrations of mathematics appear to be among the things it is possible to doubt (6. 32). This raises the question of whether Descartes was working with a new standard of the clear and indubitable when he stated the first precept of his method in the *Discourse*. Did he no longer think that when people reflected on the mathematical they had before their minds the clearest and most indubitable things possible? It seems that he continued to regard the mathematical as clear and indubitable, but thought that it was only in the light of truths concerning God and the soul that the certainty of mathematics could be correctly grasped. The *Discourse* did not deny that the mathematical was clear, even very clear; rather it suggested that metaphysical things were clearer still. Read in context, then, the first rule of the *Discourse* does seem to depart from the *Regulae*, and to take for granted a revised conception of the clear and indubitable.

The four precepts of the method are announced with some fanfare in the *Discourse*. First Descartes presents them as embodying an entirely new 'logic', one that supersedes Aristotelian syllogistic (6. 17). Then he congratulates himself on replacing the old logic with so compact a set of rules. As we have already seen, this compactness in fact proved an embarrassment, calling into question Descartes's claim to have outlined a fully fledged method. His other boast raises further problems.

What did he mean by claiming that his method constituted a new *logic*? At least this, that if one drew no conclusions in enquiry except those permitted by his precepts, those conclusions would be genuinely demonstrated or proved. The precepts constituted a new logic, because, in contrast with the Aristotelian theory of demonstration, Descartes tied the incontrovertibility of a piece of reasoning not to relations between the forms of premisses and conclusion – the composition of premisses and conclusion out of the right combinations of subjects and predicates – but to the impact the propositions made on a mind that had perfected itself sufficiently to reach ideal levels of attentiveness and controlled assent. The introduction into logic of psychological criteria of conclusiveness and truth is now often thought of as a retrograde step. But a problem closer to home is that of whether the demonstrations in the *Essays* can count as conclusive by the standards of the new logic.

The matter came up in Descartes's correspondence. Mersenne asked him whether he regarded what he had written about refraction as a demonstration. Descartes replied:

> I think it is, in so far as one can be given in this field without a previous demonstration of the principles of physics by metaphysics – that is something I hope to do some day but it has not yet been done – and so far as it is possible to demonstrate the solution to any problem of mechanics, or optics, or astronomy, or anything else which is not pure geometry or arithmetic. But to ask for geometrical demonstrations in a field within the range of physics is to ask the impossible.
>
> (2. 134)

In fact it is the *Discourse* itself that creates the expectation of demonstrations in physics that are like geometrical ones, for it speaks of the possibility that '*all* the things which fall under human knowledge are interconnected in the same way' as 'those long chains compounded of very simple and easy reasonings, which geometers customarily use' (6. 19; emphasis added).

In letters from the period following the publication of the *Discourse and Essays*, Descartes says that there is more than one kind of proof or demonstration in the sciences, and that in the *Dioptrics* and *Meteors* he had been experimenting with the sort in which hypotheses are themselves proved or demonstrated by virtue of their explanatory power (cf. 1. 558; 2. 196). It is perfectly reasonable to claim that hypotheses can be 'proved' or 'demonstrated' in this way – so long as one is not too fussy about what to call a proof or a demonstration. But Descartes puts forward a new logic, a theory that claims to say precisely, not in a rough-and-ready way, what is to count as a demonstration, and it is not clear that its precepts leave room for this sort of 'empirical' demonstration.

In order to accept many of the demonstrations given in the *Meteors*, for example, one has to accept that light acts by way of the agitation of a very subtle sort of matter distributed in the minute pores of bodies. But it is surely very far from obvious that such subtle matter exists, that terrestrial bodies have minute pores, or that light is transmitted by the subtle matter. The first rule of Descartes's logic instructs people to confine their judgements only to what is luminously clear and gives no occasion for uncertainty. This rule seems to disable the demonstrations in the *Meteors* before they get under way.

Descartes himself put his finger on the problem facing his method. The problem was that only purely mathematical reasoning could really be regarded as incontrovertible. Once reasoning relied on extramathematical assumptions, as it did in the *Meteors* or the *Dioptrics*, it lost the rigour necessary to put it beyond dispute. As we have seen, Descartes wrote to Mersenne that nothing would solve this problem except a 'demonstration of the principles of physics by metaphysics'.

He meant a demonstration in the abstract. The *Essays* already supplied a lesser form of demonstration for his principles: work in optics and meteorology that depended on them explained simply and uniformly a wide range of effects. But this was a cut below what could be hoped for, since it was at least conceivable that principles other than Descartes's would provide an equally simple and uniform explanation of the very same range of effects. Some independent argument for accepting the principles was therefore desirable.

Chapter 10
The Need for Metaphysics

Part Four of the *Discourse* outlines the argument that was meant to provide independent support for Descartes's physics. At the centre of the argument is the proposition that human beings are the creation of a supremely benevolent God, who has given us a version of His own intelligence. God has stocked the human mind with a number of 'simple' thoughts that, given His goodness, cannot possibly be false. These thoughts include all those necessary for a correct general understanding of matter, that is, for a correct physics. In Part Four of the *Discourse* Descartes describes the reasoning by which he arrives at the conclusion that God exists, that He is perfect, and that He therefore does not deceive us. Descartes's reasoning starts with the discovery of a necessary connection between his thinking and his existing, moves to the necessary objectivity of his idea of God, and finally reaches conclusions about the intellectual capacities of creatures who can trust a benevolent God not to place false simple thoughts before their minds.

Descartes was dissatisfied with the way he sketched his metaphysical reasoning in the *Discourse.* As he explained to a number of his correspondents (cf. 1. 347, 558), the work was finished in haste. Part Four of the *Discourse* was still being written after the earlier parts and two of the *Essays* had been printed, and he was under pressure from his publisher to hand in the final pages. Another source of obscurity in

Part Four, he said, was his strong reluctance to employ certain arguments he thought were necessary for making the mind receptive to metaphysical truths. To Vatier, in a letter of 22 February 1638, he wrote:

> I did not dare to go into detail about the arguments of the sceptics, nor to say everything which is necessary to *withdraw the mind from the senses.* The certainty and evidence of my kind of argument for the existence of God cannot really be known without a distinct memory of the arguments which display the uncertainty of all our knowledge of material things, and these thoughts did not seem to be suitable for inclusion in a book which I wished to be intelligible even to women while providing matter for thought for the finest minds.
>
> (1. 558)

It was, however, more than a fear of leaving his readers behind that kept him from going through the necessary arguments: he did not want to be taken for a philosophical sceptic himself. In Part Four he was content to make the point that certainty about the existence of God was *greater* than that about material things, and a condition of knowledge of material things. He did not want to deny that we could have a science of matter. But explaining all this required more than a few lines of print. In the 'notice' of his method he had to settle for a compressed and unsatisfactory version of what needed to be said.

Perhaps surprisingly, in view of how little metaphysics the *Discourse* actually contained, one of its readers, an amateur scientist and supervisor of fortifications in the French provinces called Pierre Petit, produced a whole sheaf of objections to Part Four. He took issue with Descartes's assumption that every human being had an idea of God, and he doubted that knowledge of God's existence was necessary for knowledge of anything else. The most decided atheists, Petit pointed out, knew of the existence of the earth and the sun, and a host of other things. Officially, Descartes was contemptuous of Petit's objections and did not bother to reply. But he did not forget them, and they are alluded to in the preface to the *Meditations* (7. 8). Later Descartes was to be taxed by other critics with the case of the knowledgeable atheist.

Had the *Essays* enjoyed an entirely favourable reception, there might have been no need for Descartes to improve on Part Four of the *Discourse.* It was to create a sympathetic audience for his physics that he published the *Discourse* and the *Essays.* Readers who proved friendly to his theory of refraction, or to his explanation of the rainbow, would already be partial converts to the doctrine of *The World.* But it proved harder than expected to win people over. The *Essays*, in particular the *Geometry* and the *Dioptrics*, attracted elaborate objections that Descartes was unable to answer conclusively. Throughout 1638, the year after their publication, he was fully occupied with the mathematical and scientific controversies they generated.

Meanwhile, theologians whom Descartes hoped would endorse the *Discourse and Essays* kept their distance. A number of advance copies were sent to the Jesuits at La Flèche, but with little result. One teacher there wrote to Descartes that he would have to be more explicit about his metaphysical principles before he could expect comments or objections. Copies offered to the Church authorities in Rome were accepted on condition that the *Essays* did not teach the movement of the earth. Word of Descartes's sympathy for the proscribed teaching had spread to Rome despite his suppression of *The World*, and the need for a treatise demonstrating the compatibility of Descartes's physics with the central tenets of the Catholic faith was becoming more urgent for that reason alone.

Some of the materials for the treatise were already to hand, in the form of the half-composed book on God and the soul that had been abandoned after Descartes's first nine months in Holland. It was to this abandoned book, and to his hopes of revising and finishing it, that

Descartes referred in a letter to Mersenne of 1637 in which he confessed to the shortcomings of Part Four of the *Discourse* (1. 347). In the earlier book he was supposed to have 'found how to prove metaphysical truths in a manner which is more evident than the truths of geometry'.

What method had Descartes hit upon and what did he include under the heading of 'metaphysical truths'? The method – commonly known as the Method of Doubt – has already been alluded to. It began with a resolution to take as positively false anything that seemed in the least uncertain to the enquiring mind. Whatever commanded assent in the face of the strongest efforts at rejecting it would be quite certain. In the *Meditations*, the treatise that Descartes eventually published, the resolution to reject as false anything that could possibly be doubted was put to work with the aid of some strange sceptical hypotheses. Descartes imagined himself in the grip of a powerful demon capable of controlling his thoughts and making him believe nothing but falsehoods. For the demon to be effective in his deception, it had to be beyond doubt that the demon actually produced thoughts in Descartes. *That* fact – that he had thoughts – was therefore one the demon could not deceive him about. And if the reality of his thoughts was beyond doubt, so, too, was the reality of some subject of thought, some 'I' to do the thinking. Hence the first certainty of metaphysics, that I am thinking, so I exist. This had to be true even if all one's other thoughts were in the control of a deceiving demon. And from it, Descartes argued, other metaphysical truths (about God) could be deduced.

For what he took to be the subject matter of metaphysics in general, we have to refer to the preface to the French edition of the *Principles of Philosophy.* 'The first part of philosophy', the preface says, 'is metaphysics, which contains the principles of knowledge, including the principal attributes of God, the non-material nature of our souls and all the clear and distinct notions that are in us' (9B. 14). Elsewhere he

speaks of 'immaterial or metaphysical' things (9B. 10), as if metaphysics was concerned with everything that was not included in the science of matter. Descartes does not seem to have been concerned to define metaphysics very precisely, and in listing its main topics he may have been guided by what he remembered having been taught under that heading at La Flèche, as well as by the contents of treatises of friends of his that had appeared around the time he was in Paris. Jean Silhon had published a treatise in 1626 under the title *The Two Truths: One Concerning God and his Providence, the Other the Immortality of the Soul.* When Descartes published the *Meditations* on First Philosophy – 'first philosophy' and 'metaphysics' were synonymous for him – the first edition carried a subtitle apparently modelled on Silhon's: *Concerning the Existence of God and the Immortality of the Soul.*
To conciliate the Church, Descartes tried to give the impression that the *Meditations* was another defence (albeit a novel and irrefutable one) of the truths of religion against atheists. As a sort of preface to the book he published a letter he had written to the theologians of the Sorbonne, in which he presented the *Meditations* as a response to a papal call to Christian philosophers to refute the claim that the soul died with the body (7. 3–4). The titles of the six Meditations that comprised the book were contrived to accentuate its religious aura. To Mersenne he confided that the titles mention

> the things I want people mainly to notice. But I think I included many other things besides; and I may tell you, between ourselves, that these six *Meditations* contain all the foundations of my Physics. But please do not tell people, for that might make it harder for supporters of Aristotle to approve them. I hope that readers will gradually get used to my principles and recognize their truth, before they notice that they destroy the principles of Aristotle.
>
> (3. 297–8)

The metaphysical treatise, then, had a pious text but a well-disguised and far from orthodox subtext.

Chapter 11
The *Meditations*

Descartes's letters indicate that he began work on the *Meditations* in November 1639. By then he had been living in Holland for about ten years, never for very long at the same address. Accounts of this period of his life sometimes picture him as a near recluse, living with a few servants away from society, wholly occupied with experimental and theoretical work in the sciences, occasionally dabbling in philosophy. His isolation has usually been exaggerated, however. Descartes had a number of close friends, among them a famous co-worker in optical theory, Constantin Huyghens, a professor of mathematics at the University of Leyden called Franz Schooten, and, before they fell out, Beeckman. With these and other people he exchanged regular visits and letters, depending where he made his home.

The little that is known about Descartes's purely private life mostly concerns his days in Holland. Perhaps in Deventer, where a young follower of his got an academic post in 1632, Descartes met a woman called Helène, who became his lover and the mother of his illegitimate daughter. The daughter was baptized Francine on 7 August 1635. After 1635 Francine and Helène seem to have lived apart from Descartes and to have visited him at irregular intervals. He tried to conceal from outsiders their relationship to him, pretending when they came to visit that Francine was his niece. When the little girl was five, in September 1640, she was taken ill with a fever and died. Descartes called it the greatest sorrow of his life.

Francine died some months after he had finished the *Meditations.* Over the winter of 1639–40 he had taken up the abandoned 1629 work on metaphysics and had spent five months turning it into a publishable book. The need for a treatise that theologians might approve of was growing more acute. While the *Discourse and Essays* had been cautiously received at La Flèche, at the Jesuit college in Paris they met real hostility, and in the summer of 1640 Descartes began to believe that the whole Society of Jesus was ranged against him. By then he had finished writing, but had not yet published, his 'five or six sheets' of metaphysics.

What did the new book contain? Like the *Discourse*, it had a highly unusual literary form, on the one hand appropriate to its official billing as a demonstration of some truths of Christianity, but suited also, beneath the surface, to the crypto-programme of destroying the principles of Aristotle, that is, the principles at the heart of scholastic teaching in physics. Descartes's book was a diary of a fictional intellectual retreat lasting six days, conducted in something like the manner St Ignatius, in his *Spiritual Exercises*, had suggested for more usual religious retreats.

Each of the six days is given its own Meditation, the climax being reached on the third day. It is in the Third Meditation that Descartes convinces himself that his idea of God is of something real and existent. This is a turning point because of the reflections of the previous two days. In the First Meditation Descartes makes himself doubt that he has an idea of *any* really existing thing. He rejects as false all his beliefs about material objects, even his faith in the reality of simple material natures. Here he relies on the sceptical hypothesis of the demonic deceiver. In the Second Meditation he notices that to be deceived by the demon there must be a medium of deception, namely thought, and if thought, then a real thinker, himself. This reduces a little the scope of the doubt induced on the first day of his retreat. But only after establishing the existence of God does he find a basis for believing in the reality of things beyond himself and his thoughts or ideas.

God he understands to be a perfect, and therefore supremely good, being who cannot be conceived of as letting falsehoods appear evident to an attentive human mind intent on finding the truth. Error is possible when the mind's attention wanders, when it jumps to conclusions, or when it is in the grip of bad habits, like the habit of taking apparent qualities of bodies for intrinsic properties. But the mind cannot be mistaken when, taking every precaution against error, it believes in the existence of numbers or bodies, or finds undeniable the connection between being material and taking up three spatial dimensions. Since God does not constitute us so as to be deceived in what we cannot help believing, the fact that things and connections strike the mind as real counts towards their being real in fact. By the sixth day of his retreat Descartes decides that it would be folly to doubt the existence of material objects and the reality of the simple natures. He concludes that while material objects may not be in reality as they appear to the senses, their mathematical properties are clear and beyond doubt. A corollary is that mathematical physics is possible.

Descartes expected his readers to enter into the meditations he reported. He hoped that they would re-enact for themselves the reasoning by which he conjured up and then slowly dispelled his doubts. It was asking a lot, and few if any of those who first went through the book are likely to have undergone the sort of immersion in its details that he demanded. He advised readers of the First Meditation, in which he gave reasons for doubting most things unreflectingly taken as true, 'to devote months, or at least weeks, to considering the topics dealt with, before going on' (7. 130). And he estimated that it would take 'at least a few days', presumably in addition to the several months or weeks already spent on the First Meditation, to get used to distinguishing between the mental and physical in the ways required by parts of the Second

5. A representation of Descartes in the frontispiece of a 1701 edition of his works, published in Amsterdam

Meditation (7. 131). These large expenditures of time were justified, Descartes thought, by the therapeutic effect of the Meditations. If properly taken in, they would do no less than break the habit of a lifetime, the habit of taking one's beliefs about the nature of the material world and about one's own nature from one's sense-experience.

But more was demanded of readers of the *Meditations* than their time and concentration. A new method of reading had to be mastered. It was necessary in early parts of the book to take seriously claims that would be dismissed as incredible later on. Descartes remarked on this peculiarity in a reply to a set of objections to the *Meditations*: 'The analytic style of writing that I adopted there allows us from time to time to make assumptions that have not yet been thoroughly examined; and this comes out in the First Meditation, where I made many assumptions I proceeded to refute in subsequent Meditations' (7. 249). Traditionally analytic style called for a particular order of exposition or argument: any consideration introduced would either be self-explanatory or justified by what had gone before, the progression being from things that were apparent and superficial to points that were more recondite and fundamental. In the *Meditations* Descartes gave the 'analytic' style a new twist: the recondite and fundamental considerations would actually make one think twice about, or even reject, what had gone before.

Chapter 12
Doubt without Scepticism?

In expecting people to be able to follow the strange style of the *Meditations*, Descartes overestimated the capacities of even his most sympathetic readers. Central claims in the book were misinterpreted by his followers, and those in his audience who were already hostile pounced on views he had introduced only to knock down, as if they were positively asserted. A good deal is known about the early reception of the book, for comments on advance copies were solicited and published with it. Descartes himself approached two sets of theologians, in Holland and at the Sorbonne, for 'corrections', and he got Mersenne to collect comments from other churchmen, philosophers, and scientists. Eventually seven sets of 'Objections' were compiled. These and Descartes's 'Replies' to them formed a sort of huge appendix to the *Meditations* itself, when the book appeared in 1641.

Descartes was disappointed with the quality of the Objections. Sometimes he replied to them with impatience; often he complained of having been misread. Perhaps his most cutting Replies were directed against the Seventh Set of Objections, from the Jesuit Pierre Bourdin. Bourdin had been responsible for the criticism directed against the *Dioptrics* at the Jesuit College in Paris. He now took issue with, among other things, the First Meditation's very inclusive reckoning of the things it was possible to have doubts about. Did not the First

Meditation show that Descartes was a philosophical sceptic, prepared to take doubt to extremes? In reply, Descartes said that at the end of the First Meditation

> I was dealing merely with the kind of extreme doubt which, as I frequently stressed, is metaphysical and exaggerated and in no way to be transferred to practical life. It was doubt of this type to which I was referring when I said that everything that could give rise to the slightest suspicion should be regarded as a sound reason for doubt.
>
> (7. 460)

Descartes had opened the Meditation by saying that for once in his life he would purge his beliefs of everything doubtful. In order to make his criticism comprehensive without being unending, he needed to make use of possibilities that would call into question whole classes of his beliefs.

The first possibility he considered was that what seemed to be waking life might all be a dream. He observed that dreams can be as vivid as waking experience. Upon waking up we can feel astonished not to be at the place or in the circumstances we were dreaming of. In dreams we believe things that, on waking, we usually find to be false. In short, dreams can delude us. But there need be nothing in the experience of dreaming or being awake to tell us which is which. So how can we tell we are not dreaming now? If we cannot tell, then maybe the beliefs being formed in the course of our present experience are all false. And if we have always been dreaming, perhaps all the beliefs we have *ever* formed are false. All Descartes needs is the possibility that all conscious experience is dream-experience. For if we cannot rule out the possibility, we cannot take conscious experience as a reliable guide to how things really are independently of experience. No one would say, 'I dreamt it; so it must be true': how can anyone say, with any more justification, 'I saw it; so it must be true', if seeing, for all we know, is dream-experience?

Descartes used the dream hypothesis to weaken his confidence in the vast range of beliefs occasioned by sense-experience. But the dream hypothesis did not throw doubt on everything. Even if he were only dreaming that he was seated before his fire, that he had his eyes open, that he was stretching out his hands; even if there were in reality no such things as heads or hands, that would not show that there weren't in reality such things as matter, shape, number, space, time, and other 'simpler and more universal things' than heads or hands. Beliefs about these simpler and more universal things were left untouched by the dream hypothesis. Weren't these beliefs, therefore, free of all uncertainty? Descartes showed that on another hypothesis, a little more extravagant than the dream hypothesis, even these beliefs were doubtful (7. 21). His second hypothesis was that an immensely powerful and ingenious demon was devoting all his efforts to making him believe what was not true (7. 22–3).

In the Second Meditation, Descartes found that the fiction of a demon capable of deceiving him about *everything* could not be sustained. Still later, in the closing paragraphs of the *Meditations*, he said that 'the exaggerated doubts of the last few days', that is, the doubts raised by reflections on dreams and demons, 'should be dismissed as laughable' (7. 89). By referring Bourdin to the relevant passages, Descartes thought he could clear himself of charges of scepticism. But he was being misleading if he was suggesting that by the end of the book he had entirely dismissed the suggestions of the First Meditation. As far as sense-based beliefs are concerned, Descartes does *not* introduce a sceptical hypothesis only to show how ill-founded it is. It is true that he eventually withdraws the hypothesis that all experience is dream-experience, but he does not take back the message of the hypothesis, which is that sense-experience is a bad basis for conclusions about material things.

This message, fairly clear by the end of the *Meditations*, is reinforced by *The World*, which was in a way the intended sequel of the treatise on metaphysics. *The World* opens with several chapters of criticism of the common-sense view of material things – criticism of the view of the physical world that comes naturally to us, and that is based on sense-experience. Descartes first tries to disabuse the reader of the belief that his sensations or experiences are like the things that cause them. Then he devotes a whole chapter (chapter 4) to correcting 'an error that has gripped all of us since our childhood, when we came to believe that there are no bodies around us except those capable of being perceived by the senses' (10. 17). These chapters outline a *kind* of scepticism about sense-based beliefs, a scepticism about their degree of objectivity, which Descartes shows to be compatible with the possibility of natural science.

The view that enables Descartes to criticize sense-based beliefs, while at the same time holding that human beings are capable of physical science, is sometimes called *rationalism*. Descartes believed that there existed in human beings a mind or soul or reason, and that while this relied for some of its thoughts and ideas on the operation of the sense-organs, it possessed other information independently, whose content was evident 'by the light of nature alone'. It was by way of thoughts of this kind that the most elementary truths of mathematics and physics were supposed to dawn on human beings, and it was by 'deduction' from the fundamental truths that the most general effects in nature were supposed to be more objectively understood, without the distorting effects of sense-experience.

Chapter 13
The Theologians and the God of Physics

The arguments of the *Meditations* were supposed to lay foundations for physics that would be acceptable to theologians. One argument led to the conclusion that the human aptitude for physics was an aptitude of the soul. Another argument was supposed to show that the soul had to know God before it could acquire physical science. Arguments like these would help to answer influential people who claimed that the new Cartesian science was atheistic. In 1639 theses criticizing the doctrines of Descartes's *Essays* started to be submitted at the University of Utrecht, at the urging of a professor called Gisbert Voetius. Another teacher at Utrecht, Henry de Roy or Regius, took it upon himself to counter Voetius, and to act as local spokesman for the new philosophy. He was not the first advocate of Descartes's ideas at Utrecht. Another professor, Henricus Reneri, had for some time been a supporter of Descartes. It was in fact a speech in praise of Descartes at Reneri's funeral that had prompted a jealous Voetius to start his attacks. Regius succeeded Reneri as principal enthusiast for Descartes's theories and got help in formulating the case for Cartesianism from the philosopher himself. The dispute between Regius and Voetius seems to have started as a formal academic dispute, civilly conducted, but eventually it became both bitter and personal. It came to a head in 1642, when Voetius got the Academic Senate at Utrecht to condemn the 'new philosophy'.

In Descartes's mind Voetius's attack had important affinities with

Bourdin's, for it came as part of an attempt to keep the traditional curriculum of the schools from being contaminated by new ideas. Slandering Descartes as a sceptic or atheist would prevent the teaching of his physics, and neither his Catholic opponents in France nor his Protestant ones in Holland were above resorting to slander. (Voetius even reported the rumour that Descartes had fathered an illegitimate child. He was mistaken about the child's sex, however, which enabled Descartes to reply categorically that he had never had a *son* born out of wedlock.)

To get a hearing at least in French Jesuit institutions, Descartes appealed above the head of Bourdin to Father Dinet, who was in charge of the Society of Jesus for the whole of France. The letter to Dinet, which appeared as an addendum to the second edition of the *Meditations* in 1642, started with answers to Bourdin, and then went on to deal with Voetius's accusations of irreligious leanings in his science. Descartes insisted that 'there is nothing relating to religion which cannot be equally well or even better explained by my principles than can be done by means of those which are commonly accepted' (7. 581). A little later on he dismisses as half ridiculous, half vicious and false, the third reason given by the University of Utrecht for condemning his philosophy. The University Senate had charged that 'various false and absurd opinions either follow from the new philosophy or can be rashly deduced by the young – opinions which are in conflict with other disciplines and faculties and above all with orthodox theology' (7. 592).

Descartes claimed that his philosophy either left matters of orthodox theology undisturbed, or gave them better backing than was available in the 'commonly accepted' – scholastic – philosophy. But this was probably as misleading as the terse disavowal of scepticism he hoped would answer Bourdin. Though Descartes claimed in his letter to the theologians of the Sorbonne that the *Meditations* bolstered the faith (7. 2–4), there was in fact little in the book to convert unbelievers, or help Catholics who doubted, say, that virtue in this life would be rewarded in the next. The fact is that the God of the *Meditations* is a far cry from the God of Holy Scripture. As for what the *Meditations* calls the soul, that too is hard to recognize as what is saved by God's grace or punished for wrongdoing on earth. Descartes's theory of the soul is really a theory about the sort of mind that can have, independently of the senses, very general thoughts about what matter is and how it can change. Descartes's God is the being who guarantees that general thoughts about matter are true. He is a physicist's God, or, perhaps better, he is the sort of God required by an anti-sceptical philosophy of physics, one that tries to put the general laws of physics beyond doubt.

The laws of physics are put beyond doubt by the fact that they cohere well with what the metaphysics presents as the nature of matter. Or, to put it in Descartes's way, the laws are put beyond doubt by being 'deducible' from an evident theory about the nature of matter. But it takes God to vouch for the account of matter, itself, according to which what is essential to being material substance is being three-dimensionally extended, divisible, and capable of motion. The account is not put beyond doubt by the fact that it is evident or presents itself to the mind clearly and distinctly, for it has to be shown that whatever is clearly and distinctly perceived by the human mind is true. This is where Descartes resorts to an argument about God (cf. 7. 62; 8A. 17). If clear and distinct ideas could turn out to be false, the human mind could be deceived even when it had taken every precaution against error. But the mind cannot make mistakes when it does everything possible to avoid error, for then the mind would suffer from a defect that would argue for imperfection in its Maker, and its Maker – God – is perfect, without defects. The mind's clear and distinct ideas must then be true.

Descartes offers no very illuminating account of clarity and distinctness. He seems to regard as clear anything that is conspicuous to the attentive mind (8A. 21–2), while distinctness is clarity of perception sufficient to rule out confusion as to what is perceived. Confusion occurs when the mind takes as belonging to the nature of what it perceives something that does not in fact belong to its nature. When confronted by fire, for example, the confused mind can suppose that its perception of heat is part of the nature of the fire, when in fact the heat depends both on the perceiver's nature and that of an external, burning body. In general, confusion is eliminated and distinctness of perception achieved when simple natures come before the mind, and when the mind apprehends the contributions of simple natures to 'composite' things. Clear *and* distinct perception thus corresponds to what Descartes calls 'intuition' in the *Regulae*: 'the conception of a clear and attentive mind, which is so easy and distinct that there can be no room for doubt about what we are understanding' (10. 368).

In the *Meditations* Descartes invokes God to guarantee the truth of the mind's clear and distinct perceptions, but first he has to prove that God exists and that He is perfect. Sometimes this general strategy has been thought to involve Descartes in a circular argument (see e.g. 7. 214), for in order to prove that God exists, he has to use premisses that are supposed to be true in virtue of their clarity and distinctness, and it is not until God's existence is proved that anyone can be sure that clear and distinct perceptions are true. The charge of circularity need not delay us, however, for difficulties remain even if Descartes is able to answer it.

Two arguments for God's existence are given in the *Meditations*. The first, which occurs in the Third Meditation, establishes that God exists by reference to the content of the idea of God, and the kind of source an idea with that content must have. The second argument, given in the Fifth Meditation, deduces God's existence from the indissolubility of the perfections, existence being one, that make up God's nature. Both arguments are extremely abstract, and trade on principles adapted from scholastic metaphysics.

In the argument of the Third Meditation the crucial principle is the following one: an idea representing a thing that belongs to a certain category must have a cause belonging to the same, or a higher category. This principle only works against the background of a hierarchy of categories – a hierarchy of types of real thing. Descartes thinks an infinite substance is more real than a finite substance, a finite substance more real than an attribute, an attribute more real than the mode in which a substance has an attribute. In the case of an idea of God, the idea represents an infinite substance, something whose category or degree of reality cannot be exceeded. According to Descartes's principle, therefore, the cause of the idea has to belong to the same category as the thing it is an idea of. More explicitly, the idea of God has to be caused by an infinite substance. But there is only one infinite substance, namely God. So, given an idea of God, God must exist to cause the idea. Descartes has an idea of God. So God must exist.

The argument has two easily identifiable weak points: its causal principle, and its assumption that there can be such a thing as an idea of God. Descartes claimed in the *Meditations* that the causal principle covering ideas derived its certainty from an even more abstract causal principle, which stipulates that effects must get their reality from causes with more reality (7. 40–1). But it is doubtful whether this principle even makes sense, since it is hard to understand talk of degrees of reality, or of an effect's getting its reality from a higher level of reality to be found in its cause. Descartes had also to answer objectors who said that the human mind could have no idea of God. He usually replied by distinguishing ideas in the relevant sense – ideas 'like images', as he confusingly put it – from pictures in the imagination. That people were unable to picture God was no argument for the impossibility of an idea of God. It was sufficient for having an idea of God in the relevant sense that one was able to latch onto one of His attributes or perfections.

In the second argument for God's existence Descartes dispensed with the causal principle, but relied heavily on the assumption that people could have an idea of God. 'Certainly, the idea of God, or a supremely perfect being, is one which I found within me just as surely as the idea of any shape or number' (7. 65). He also made use of the rule that what is clearly and distinctly perceived is true or real. Finally, he appealed to an analogy between ideas about shapes and numbers, and his idea of God. He observed that ideas of shapes or figures, like the triangle, were ideas of things he had not invented or conjured up. They were ideas of things with natures that were real independently of his thought. Equally, his idea of God was an idea of something with an independently real nature. The real nature of a triangle makes true such propositions as that the three angles of a triangle are equal to two right angles. Similarly, the real nature of God makes true such propositions as that God is omniscient, all-powerful, eternal, and so on. But while the real nature of triangles does not make it true that anything exists with the property of having its three angles equal to two right angles, the real nature of God *does* make it true that what is omniscient, all-powerful, eternal – in a word, perfect – exists. The nature of God is unique in guaranteeing the existence of something that has that nature (7. 65–6).

Many questions are raised by this line of reasoning, sometimes called the 'ontological argument' for God's existence. One question is how the so-called real nature of a triangle can exist without any triangle existing. Another question is what it means to say that being perfect involves existing. A third question is how the ontological argument can be offered as confirmation of the one presented in the Third Meditation, and yet make use of the earlier argument's corollary – that what is clearly and distinctly perceived is real. Neither argument is explained at all clearly by Descartes, and neither carries conviction.

Chapter 14
Ideas

Many arguments in the *Meditations* that are unpersuasive nevertheless command attention as vehicles for Descartes's theory of ideas. The arguments for God's existence are cases in point. When Descartes says that the imagination cannot help us to picture God, but that we can form a conception of our Maker by other means, he is articulating his theory of ideas. He is doing the same thing when he invokes the causal principle in his first argument for God's existence. The causal principle implies, among other things, that the source of an idea can be different in category from the thing an idea represents; or, in other words, that there can be a significant discrepancy between the content of ideas and their cause in reality.

Descartes never assembles all his claims about ideas in one place, or suggests a question that a would-be theory of ideas might help to answer. It is nevertheless possible to think of such a question. It can be put by asking how we are able to represent in ourselves the things that are necessary for understanding nature. Before Descartes, philosophers held that human beings were endowed with both sense and intellect, and that sense-experience brought the intellect into contact with the substances that were the topics of science. Forms determining the various kinds or species of objects studied by science were supposed to be abstractable from forms corresponding to the sensible qualities of objects: their colours, smells, tastes, and temperatures. It was by becoming acquainted with the forms corresponding to the natural kinds that the mind acquired a science of things in the physical world. Scientific understanding simply consisted of the ability to locate a thing within a system of natural kinds, a system of species and genera. To have a scientific understanding of man, for example, was to know that he belonged to the rational species of the genus animal. And the forms necessary for understanding man came via the senses. The mind was thus dependent for its scientific knowledge on sense-experience. As to how the senses got hold of the sensible forms – the colours, textures, and the like – of experienced objects, that occurred by the transmission of forms from experienced objects to the sense-organs.

In his theory of ideas Descartes collapsed the sense/intellect distinction, denied that scientific understanding depended on the operation of the sense-organs, and tried to improve on the barely intelligible doctrine that in the process of perception the forms of objects somehow travelled to the sense-organs, and were there 'abstracted' by the intellect. According to Descartes the action of bodies on the sense-organs was entirely a matter of impact, with after-effects in the nervous system and in a gland in the region of the brain called the 'pineal gland'. The impact of an object registered as different motions in the pineal gland, and these acted as a cue to a rational soul, joined with the body at the pineal gland, to have a certain type of conscious experience or 'idea'. What sort of conscious experience would depend on the pattern of motions transmitted to the pineal gland. If the experience accurately represented something, it was said to have 'objective reality'. If it was only a partially accurate representation of an object outside the mind, the experience or idea was of an object that had in it 'formally' what the idea had 'objectively'.

In the Third Meditation Descartes says that, strictly speaking, only things that exist in the mind and represent other things should be called 'ideas'. He had an idea in this sense, he explained, when 'I think

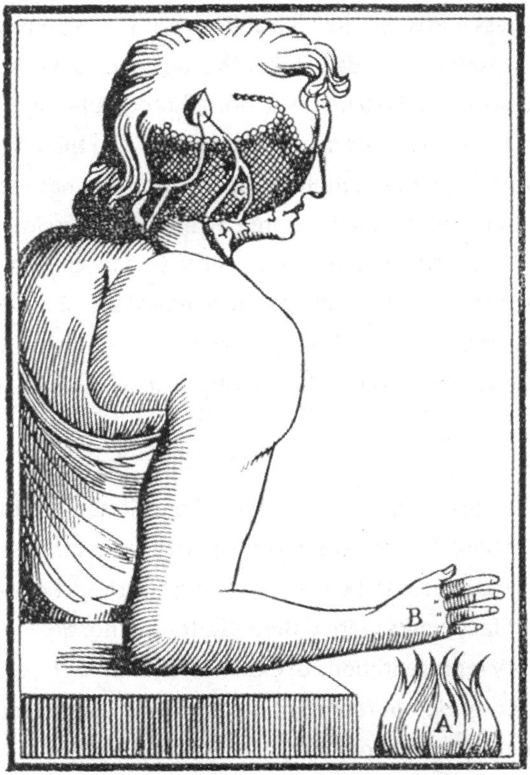

6. According to Descartes, the pineal gland in the brain is where body and mind interact. The physiological diagrams in his works show how perception and motion in the body are all controlled by this gland.

of a man, or a chimera, or the sky, or an angel, or God' (7. 37). Other non-representational things within him could also, but only loosely, be called 'ideas', such as the attitudes of willing, desiring, or judging; ideas in the strict sense, however, were 'of' things distinct from themselves. This representational character of ideas was not narrowly defined. If an idea was to be of something, there did not have to be a photographic resemblance between the idea and what it represented. Descartes said that, for an idea to be an idea of something, there had to be a 'likeness' between the idea and what it was of, but to square this with, for example, his denial that the idea of God was a mental picture, 'likeness' needs to be taken non-photographically, so to speak. 'Likeness' in the relevant sense can be a matter of a thing's satisfying or partly satisfying a description or specification one has in mind. When one thinks of the number three by thinking of an integer greater than two but less than four, one does not have a thought of the number three that 'photographically resembles' the number: one has in mind a specification that the number three *fits*. This is a way of having an idea of the number three with a 'likeness' to the number three.

The theory of ideas dispensed with the scholastic assumption of different functions for the senses and intellect. Though Descartes's rational soul may seem to be the counterpart of the scholastics' intellect, it in fact works quite differently. It does not abstract from purely sensory representations of external objects, for on Descartes's theory the senses do not represent objects at all. The senses only receive impacts from surrounding matter: it is the rational soul that represents things, even colours, textures, and temperatures. As a consequence, the properties of observed matter do not really divide up into sensory and intellectual properties. Thus it is not the case that the applehood of a nearby apple registers with the intellect while the sweetness and redness register with the senses. Instead, the fact that it is a sweet, red apple all registers with the rational soul, and with it alone. Further, the rational soul does not depend for its operation on the sense-organs, for it is only contingently connected to a body. The soul could conceivably exist without a body, as Descartes tried to show when he carried out the thought experiment of imagining himself subject to demonic deception. He found that if he took seriously the fiction of the demon, he would have to pretend he lacked senses and a body, and when he tried to conceive this lack, he succeeded, without starting to doubt that his self or soul and its thoughts were real. Hence the conceivability of an autonomously operating rational soul.

Descartes outlined his theory of sensation and the rational soul – it was actually a theory of the rational soul as both subject to sensation *and* an initiator of actions – in the *Treatise on Man*, the *Dioptics*, and his last published work, *The Passions of the Soul.* Some of his arguments against the view that all ideas came from the senses presupposed the correctness of this theory. But other arguments could be accepted even by a partisan of the scholastic theory of perception. According to the scholastic theory, the forms that entered the senses and thereafter the mind from external objects made the contents of the senses and the mind *like* the external objects: the objects, the senses, and the mind were supposed to have in them the very same forms. Descartes gave examples of ideas in the mind that could *not* be like any of the things that stimulated the senses. The idea of an omniscient, eternal, and infinite being, for example, could not be like anything the senses encountered. Nor could the general ideas of shape, number, and figure resemble the things that occasioned them, for they were general ideas and the senses were exposed only to particulars. According to Descartes, the presence in the mind of such general ideas did not need explanation by reference to external causes: his theory held that the ideas were not really separate from the power of thinking itself, and that they were present innately. Indeed, he claimed at one point that, except where they were specific in content, *all* ideas were innate (8B. 358–9). Even the idea of pain was due to an innate capacity of the rational soul to be affected by motions not in the least resembling pain itself. (Elsewhere, however, he seemed to hold that the mind manufactured or invented some of its ideas (7. 51).)

The hypothesis that the mind has innate capacities and ideas has proved fruitful in contemporary linguistics. It is a striking fact that speakers of a language are able to produce a vastly greater number of sentences than they were ever taught. It is a striking fact, too, that all known human languages have in common a good deal of grammatical structure. This suggests that part of what is grasped by the speaker of a given language is the same as what is grasped by the speaker of any other language, despite great variations in the way individuals actually come to master language, and great variations in the intellects of different people. This element that is common to different speakers may perhaps be due to capacities all speakers have, capacities that are not acquired when we learn language but that are present innately. Evidently we have here a variation on Descartes's hypothesis, a variant that is ably worked out by the American linguist Noam Chomsky, who acknowledges Descartes's influence on his own thinking.

Chapter 15
The Mind

Descartes's claim that many of our ideas are independent of sense-experience is echoed in his claim that the *mind* can be conceived of as quite complete even when it lacks a faculty of sense-perception (7. 78). According to his theory of the nature of the mind, the only capacities a mind *must* possess are purely intellectual ones and the ability to perform the kind of willing involved in judgement. No further capacities are presupposed by a grasp of the most general elements of physics and the theory covertly identifies the mind with a possessor of capacities required for an abstract science of matter.

The links between the theory of ideas, the theory of mental substance, and physics are not always obvious in Descartes's writings. His claims about the mind and the contents of the mind are best known from the *Meditations*, where the foundations for physics are laid surreptitiously. In the *Meditations*, Descartes purports to be giving a theory of the soul, not a theory of the mental capacities and ideas that put us in touch with the essence of matter. And as a theory of the soul – of what animates the human being – what is offered in the *Meditations* has a certain arbitrariness. It seems arbitrary to claim that the soul is only contingently a sensing and imagining thing but necessarily a pure finite intelligence.

This arbitrariness was not lost on the authors of the Objections to the

Meditations. They asked Descartes to justify his counting as inessential to the mind not only the capacities of sensation and imagination, but any capacity that presupposes the possession of a body. What they were querying was the sharp distinction between mind and body that has come to be known as Cartesian Dualism. According to Descartes, the mind is one sort of substance, and body another, because it is possible to form a conception of the mind and a conception of body by way of totally separate sets of clearly and distinctly perceivable attributes.

In the *Meditations* Descartes argues for his dualism twice over, once while the hypothesis of the deceiving demon is in force (Second Meditation) and again at the end of the book (Sixth Meditation), when God's existence has been established, when the demon hypothesis has been abandoned, and when the rule connecting clarity and distinctness to truth has been validated. In the Second Meditation Descartes asks what capacities belong to him, and gives a long list that includes imagination and sensation (7. 28). He then explains that it is only in a special sense that a capacity for sensation belongs to him. Sensation belongs to him, he says, only in the sense that it *seems* to him he sees, hears, touches, and so on; he cannot be assumed really to see, hear, and touch. For one cannot doubt the reality of sensations that one only *seems* to have, and in the Second Meditation Descartes counts as belonging to him only those attributes whose reality cannot be doubted (7. 24). Since he never gets beyond what he *seems* to hear, touch, and so on, he never claims that fully fledged sensation belongs to him. And though the relevant wording in the Second Meditation is unclear, it seems that when he credits himself with imagination, it is in the same attenuated sense that he credits himself with sensation. It thus turns out that no capacities that involve the body belong to him in a strict sense.

Commentators sometimes cite the Second Meditation as the source of what is really distinctive about the Cartesian philosophy of mind. It is there that Descartes announces that by nature he is a thinking thing, and it is there, too, that he explains that by 'thinking' he means any operation of the mind that, to the mind's owner, cannot be doubted to be real. To judge from the Second Meditation, this property of being indubitably real, of being immediately conscious to a self, is the defining property of the mental. One way in which this has been summarized is by saying that in Descartes's philosophy privacy is the mark of the mental.

This interpretation does not fit later parts of the *Meditations as* well as it fits the earlier, and it depicts Descartes's philosophy of mind as a by-product of the method of doubt, so that it has little to recommend it if the method of doubt turns out to be incoherent or misconceived. There is, however, another possible interpretation, which both makes the theory stand up better on its own, and gives it a central role in the *Meditations* as a whole.

To introduce the alternative interpretation, I have to mention a requirement an adequate theory of mind must satisfy. This is the requirement that it should not be too species specific. It seems obvious that a theory of the mind cannot be a theory just of the mind of man, for it is only too conceivable that creatures biologically different from ourselves could have capacities for sense-perception, memory, self-movement, reasoning, even capacities for communication, corresponding to the human versions of those capacities. Science fiction alerts us to the conceivability of extraterrestrial creatures with capacities effectively indistinguishable from our own, and science itself is revealing how sophisticated are the mental capacities of dolphins and chimpanzees. Since our concept of mind and of mental capacities extends to these creatures, an adequate theory of the mind must achieve a certain degree of biological neutrality.

Descartes meets this requirement in a particularly thoroughgoing way. He realizes that the concept of mind extends to beings other than humans, but – and this is what I take to be distinctive about his theory – his way of thinking about the mind is consciously divorced from biology, and it is less sensitive to the ways in which the capacities of lower creatures can approximate to human ones than to ways in which our capacities can exist much enhanced in superhuman beings, like angels and God. Indeed, Descartes classifies minds according to the extent of their capacities, and not by reference to the biological species of the beings who have them. Our mind is not so much human as finite; God's is not so much superhuman as infinite. And for us to have minds just *is* for us to have capacities of the same general type as God's, albeit far more limited and constrained than His own. The crucial point is that it is God's perfect or infinite mind that sets the standard for anything else's counting as a mind.

Against this background it is possible to make sense of Descartes's otherwise arbitrary distinction between purely intellectual capacities, on the one hand, and body-presupposing capacities of sense-perception and imagination, on the other. This can then be seen as a division of capacities into those we can share with God, and in virtue of which we can have something like His objective understanding of reality, and those we do not share with God and that are not necessary for objective understanding.

This interpretation fits in with a number of passages in the *Meditations* in which human beings are compared to God, passages that commentators usually neglect. In the Fourth Meditation, for example, Descartes says,

> I realize that I am, as it were, something intermediate between God and nothingness, or between supreme being and non-being: my nature is such that in so far as I was created by the supreme being there is nothing in me to enable me to go wrong or lead me astray; but in so far as I participate in nothingness or non-being, that is, in so far as I am not myself the supreme being and am lacking in countless respects, it is no wonder I make mistakes.
>
> (7. 54)

Descartes is locating himself midway on a scale of being that reaches up to the supreme being, and while he says there is nothing wrong with him intellectually in so far as he is created by God, he implies that there is something wrong with him given that he is finite or less than supreme. A passage similar to the one just quoted, in the Third Meditation (7.51), locates the capacities of the human mind not in a natural order of species, but in an order of more and less perfect substances.

In setting up some superhuman and non-biological thing as the exemplar of mental substance, Descartes produces a theory that, to its cost, discerns minds in no non-human animals at all. (The account shocked some of his readers by implying that their household pets were mere unthinking automata.) On the other hand, and to its credit, the theory gives due weight to the limitations of the human mind. The tendency to think of the human mind as the best specimen of a mind is counteracted, and without the usual sceptical corollary. The human mind is limited, but since it is a limited version of the same sort of mind as God's, it makes sense that science should be within the powers of human beings.

Chapter 16
Body

Just as the conception of the mind without attributes that involve a body is supposed to be complete, so a conception of body that leaves out all properties that depend on a mind is supposed to be complete. The correctness of this austere conception of body, which leaves out temperature, colour, smell, felt solidity, and so on, is one of the last things Descartes establishes in the *Meditations*; it is one of the first things he tried to prove in *The World*. It is, therefore, reasonable to think of this conception of body as something designed to cement his metaphysics to his physics.

There is a parallel between the way he argues for his preferred conception of body and the way he argues for his preferred conception of mind. He starts by describing the naïve or common-sense view of each substance, proceeds to divide the properties common sense ascribes to body and mind into those that really belong to the relevant substance and those that only seem to, and then tries to explain how the properties that do not really belong can be taken for ones that do. In each case our being embodied explains the confusion of apparent with real properties. Or, to put it more informatively, we are led astray by our habit of forming conceptions of substances with the aid of the senses alone. When we take bodies to be incomplete without properties like colour, we are mistakenly objectifying their sensible qualities; when we take ourselves to be incomplete considered as pure intellects and wills, we are mistakenly jumping to conclusions on the basis of our feelings of being intermingled with or inseparable from our bodies.

The parallel between Descartes's treatment of our conceptions of mind and body even extends to the way he distributes his remarks about them in the *Meditations*. The Second Meditation contains remarks about what belongs to the self, identified as a mind or thinking thing; it also contains remarks about what belongs to a typical material thing. The Sixth Meditation largely confirms Descartes's first thoughts about what belongs to him as mind, and it also confirms some of his tentative generalizations about matter.

One such generalization, inspired by reflection on the nature of a piece of wax (7. 30), is that one cannot identify a particular object by the forms it presents to the senses. The substance freshly taken from the honeycomb has a distinctive taste, scent, texture, and so on. Yet if it is now exposed to fire, it loses all these forms and assumes others. If its identity depended on the forms, then it would have been one thing before the fire and another thing afterwards. But it is the same thing all along. What kind of thing is it, then, that persists through change in its sensible forms? Perhaps just a body, something spatially extended, flexible (capable of changing shape), and changeable (subject to different forms). If so, then what identifies it is not what the senses bring to one's notice, but what can be grasped by the intellect as belonging to body. So sensible forms are not the key to the nature of the wax, or, by extension, to the nature of any material thing.

The principal conclusion about material things drawn in the Second Meditation is negative. The makings of a positive view start to become discernible in the Third Meditation. There, in a sideline to the main argument for God's existence, Descartes considers the content of a number of different ideas he has. He takes his idea of corporeal things and says he notices

> that the things which I perceive very clearly and distinctly in them are very few in number. The list comprises size, or extension in length, breadth and depth; shape, which is a function of the boundaries of this extension; position, which is a relation between various items possessing shape; and motion, or change in position; to these may be added substance, duration and number.
>
> (7. 43)

At the stage of the argument at which Descartes makes this list, the fact that something is clearly and distinctly perceived is not yet sufficient reason for thinking it real or true. It is not until the Fifth Meditation that Descartes has grounds for saying that, being clearly and distinctly perceived, 'shape, number, motion and so on' are real (7. 63–4). Even this conclusion falls short of what the Sixth Meditation establishes, which is that there really do exist material objects, things that possess shape, motion, number, and so on, independently of being thought of.

The argument for the existence of material objects (7. 78–80) is highly abstract and hard to state briefly. It runs as follows. Things that are clearly and distinctly conceivable as separate things *are* separable – by God's unlimited power. I can clearly and distinctly conceive of myself in separation from everything but thought. So – I am a thinking substance. Reflection on modes of myself as a thinking substance reveals in me a passive faculty (perception) for receiving ideas. But the passive faculty would be inert if there were not some active faculty to set it into operation. The active faculty, whatever it is, is not essential to me as a thinking thing; if it were, it would be an active faculty of mine, and would pertain to my will. The active faculty cannot pertain to my will, however, for sensory ideas are very often produced against my will. Besides, the active faculty does not presuppose thought, and any active faculty of mine would presuppose just that: all my acts of will are conscious, and this means I have thoughts about them. So the active faculty must reside in some substance different from me.

What substance this is can be inferred from the deliverances of the active faculty, namely the ideas in my imagination. These ideas must have objective reality, and must have causes with greater or equal formal reality. The only causes satisfying this constraint are bodily substance, mental substance, and God. We are not equipped by God to recognize either mental substance or God as the immediate cause of our ideas. But we *are* strongly inclined to believe that bodies produce the images. If their causes were not bodies, we would be deceived in what we cannot help thinking, and God does not constitute us so as to be liable to this kind of error. So the causes of images must belong to the category of bodily substance. So bodies exist.

Descartes infers the *existence* of bodies from the existence of sensory images. But he warns against drawing conclusions about the *nature* of bodies from the content of sensory images. When he says that from considerations about the source of his images it 'follows that corporeal things exist', he adds that

> they may not all exist in a way that exactly corresponds with my sensory grasp of them, for in many cases the grasp of the senses is very obscure and confused. But at least [corporeal things] possess all the properties which I clearly and distinctly understand, that is, all those which, viewed in general terms, are comprised within the subject matter of pure mathematics.
>
> (7. 80)

By the 'subject matter of pure mathematics' he means the 'continuous quantity' of geometry and the numerical values of variables and constants in algebra. These geometrical and numerical features of bodies are the ones they have independently of us. Other properties that appear to be intrinsic to bodies, such as colour, temperature, felt texture, and sound, are no more than complicated effects of the quantitative properties of bodies – external bodies and our own – registered in certain ways by our minds.

Quite how qualitative variety is captured by quantitative variety is never spelt out in the *Meditations.* All Descartes says is that

> from the fact that I perceive by my senses a great variety of colours, smells and tastes, as well as differences in heat, hardness and the like, I am correct in inferring that the bodies which are the source of these various sensory perceptions possess differences corresponding to them, though perhaps not resembling them.
>
> (7. 81)

He goes into detail in the *Treatise on Man* (11. 174 ff.), the *Dioptrics* (6. 130 ff.), and *The Principles of Philosophy* (8A. 318 ff.). The general idea is that the different colours, smells, tastes, and so on correspond to different ways in which nerves appropriate to the various sense-organs can be moved by the impact of quantitatively different external bodies.

How are motions in the body's nervous system supposed to be translated into the mind's experiences of colour, sound, smell, taste, and so on? Descartes's answer to this question is notoriously obscure. He suggests that it is by divine arrangement that the translation takes place. Apparently, no laws of nature can explain the correlation between the mind's experiences, on the one hand, and motions in the nerves and representations of external objects in the brain, on the other. The correlation is not even necessary. God could have arranged for us to have ideas of things quite other than colours, sounds, and smells on occasions of sensory stimulation (7. 88).

Why should the mind contain qualitative representations of bodies at all, if the nature of bodies is perfectly captured in quantitative terms? The question has a certain edge, for Descartes is strongly committed to all three of the following propositions: that God is no deceiver, that God arranges for us to have qualitative representations of bodies on occasions when the bodies affect the sense-organs, and, finally, that bodies do not intrinsically possess the qualities they are represented as having. Can God really be no deceiver if the ideas of bodies he makes us have do not accurately depict the bodies? Descartes's way out of the problem is to note, first, that there is nothing misleading about the ideas in themselves. They depict bodies in a particular way, but it is we who jump to the conclusion that the bodies are objectively as the ideas depict them. Second, it is beneficial for us to have qualitative representations of bodies, for it is in their qualitative aspect that bodies register as doing us good or harm. In other words, our qualitative representations have survival value, teaching us what to pursue and avoid for our own good (7. 82 ff.; 8A. 41).

Descartes's point about the usefulness of having qualitative representations of bodies applies to our own bodies as much as to external ones. We have qualitative representations of our own bodies when we experience hunger, thirst, pain, pleasure, or, differently, movement. Now these representations can mislead us, for they can incline us to believe that we are somehow intermingled with our bodies when, in fact, if Descartes is right, we are really just minds or thinking things united with bodies distinct from ourselves. Yet despite that, there is obvious survival value in our taking pain, hunger, and thirst to be sensations of ours, rather than sensations in a body that is separate from us.

Qualitative representations of bodies help us to preserve our lives, according to Descartes, and they do not *have* to hinder us in the acquisition of a science of nature. This is because qualitative representations can coexist in a mind with ideas of the simple natures of size, shape, number, place, and so on, that enable us to get a purchase on bodies independently of their qualities.

Chapter 17
The Physics made Public

The treatise on physics that Descartes planned as a sequel to his work on metaphysics did not appear as soon as he would have liked. He had hoped to start writing it in 1641, but was delayed by work on his Replies to the Objections to the *Meditations*. The year 1642 was largely taken up with answering tracts written against him and a fellow Frenchman, Samuel Desmarets, by his denouncer at Utrecht, Voetius. In one of the tracts Descartes was accused of being a philosopher in the mould of Lucillo Vanini, who had been burned at Toulouse for atheism in 1619. Vanini was held to have undermined people's faith by producing deliberately weak proofs of the existence of God: Voetius's tract accused Descartes of doing the same thing. He replied forcefully to these and other charges, in a tract of his own. Later, when renewed manuvrings by Voetius nearly led to his expulsion from Utrecht, Descartes again held his own, with a little help from highly placed friends. In the end, and despite the fact that Voetius was a local minister with great influence, Descartes successfully presented evidence to the Magistracy at Utrecht showing that Voetius had masterminded a campaign of vilification against him. The Magistracy stopped short of taking action against Voetius, whom they had shamelessly supported earlier, but in June 1645 they issued an edict forbidding the publication of anything either for or against the philosophy of Descartes.

Voetius was a Protestant. Descartes had more success with Catholic theologians. Antoine Arnauld, author of the acute Fourth Set of Objections to the *Meditations*, was an admirer even before he was asked to examine Descartes's metaphysics. Then there were the Jesuits. The efforts he had made to cultivate them when the *Discourse and Essays* was published eventually paid off, and Descartes managed to get a friendly reception for his views. Descartes had ended his letter to Dinet of 1642 (see p. 66) by indicating his wish to release parts of his philosophy that had been held back until then. He meant his physics. Dinet only wanted to see the section titles of the proposed work before giving his approval. Descartes sent these to him in 1643. At about the same time he found he had the support of another influential Jesuit, an official based in Rome called Étienne Charlet. Eventually he even made peace with Bourdin. And at least one work published by a Jesuit in 1643 drew directly, at times verbatim, from the *Dioptrics* and the *Meteors*. The time now seemed ripe for publishing the physics.

It was out of the question for Descartes simply to take the long-discarded text of *The World* off the shelf and publish that. Its doctrine of terrestrial movement was still proscribed. Its device of an imaginary universe that turns out to be just like the actual one was likely to create misunderstanding. He therefore decided to write a book that would outline his philosophy as a whole: the physics would constitute only a part of the work. The choice of a new format called for a new style. As he explained in the letter to Dinet:

> I shall not present [my views] in the same order and style which I adopted when I wrote about many matters before – namely in the Treatise [i.e. *The World*] of which I gave an outline in my *Discourse on the Method*, but instead I shall use a style more suited to the current practice in the Schools. That is, I shall deal with each topic in turn, in short articles, and shall present the topics in such an order that the proof of what comes later depends solely on what has come earlier, so that everything is connected together in a single structure.
>
> (7. 577)

He was describing a book that was at least half-written, and that was to be published under the title *The Principles of Philosophy.*

The *Principles* appeared in Latin in 1644, and was brought out in French in 1647. It fell into four parts. The first summarized the main points of Descartes's metaphysics. It was not in any sense a substitute for the *Meditations*, and the preface to the French edition directed people to the earlier book for a full statement of Descartes's first philosophy. Parts Two, Three, and Four were given over to physics. A fifth part was planned on plants and animals, and a sixth on man, but these appear not to have been completed.

There is considerable overlap between Part Two of the *Principles* and the first seven chapters of *The World.* Descartes tries to correct some preconceptions about the nature of body, goes on to give what he takes to be the correct account, and then turns to the nature of motion, the laws of nature, and some seven 'rules of impact'. The rules of impact were new with the *Principles*, and not strictly necessary for the statement of his physics. The definition of motion was also new, and calculated to put distance between Descartes and the hypothesis of terrestrial motion. According to the new definition (8A. 53), motion is simply change of place relative to local bodies regarded as at rest. Relative to one local body, the earth's atmosphere, the earth is motionless. The definition later attracted criticism from Newton on the ground that it implied, incorrectly, that particles inside a moving body were at rest while those on the surface were not.

Part Two of the *Principles* gives an account of the nature of body in the course of which Descartes argues that 'there is no real difference between space and corporeal substance' (8A. 46). The claim prepares the ground for Descartes's denial of a vacuum, for his theory of the movement of matter in circles, and for the distinction – sometimes labelled the primary/secondary quality distinction – between properties bodies do possess intrinsically, such as number and shape, and properties they do not possess intrinsically, such as colour and smell. Crucial as it is, the claim that corporeal substance and space are indistinguishable, or that matter is nothing but extension, is given a flimsy defence. Descartes identifies what is essential to matter with properties that are left over when properties bodies can be conceived of as lacking are subtracted.

It is the same method of identifying the essence of a substance that he employs for the mind, and in both cases the results are unsatisfactory. Descartes seems to suppose that if one starts with a conception of mind or of body, and then subtracts the attributes that are supposed to be non-essential, leaving enough attributes to determine some substance or other, that substance will be the same as the one he initially conceived. There are obvious difficulties for this way of thinking, some suggested by examples Descartes himself discusses. To take one of these (7. 222), suppose one starts with a conception of the human body and then subtracts from it all but the conception of something capable of picking up cups or depressing several keys of a piano simultaneously. One will still be thinking of a substance, namely a hand, but not the substance that one began by conceiving. Similarly, if one starts with a conception of a physical object, and then subtracts from it all properties but extension, then, though one may end up with a conception of something, namely space, one may not end up with a conception of body or physical object.

Apart from the purely conceptual difficulties, Descartes's physics was hard to perform calculations with. It went without a measure of resistance. It made no mention of mass. More important, it had striking drawbacks as a theory of gravity. We saw earlier, in sketching the contents of *The World*, that Descartes thought gravitation resulted from the whirlpool action of matter. The tides, the movement of the moon round the earth, and the weight of bodies on earth were all supposed to be explained by a whirlpool or vortex centred on the earth's axis. But the vortex theory did not explain the gravitation of terrestrial objects towards the earth's poles, and, when applied to celestial matter, the theory clashed with certain known facts about planetary movements. Newton, who pointed out some of these difficulties in the 1680s, proposed a mathematical theory of a universal attractive force to replace the vortex theory, and the success of this rival account did more to undermine the influence of Cartesian philosophy than any philosophical criticism it received in the seventeenth century. The part of Descartes's philosophy he held back the longest and took most care in releasing turned out to be the part that was superseded most quickly. In fact, Newton's theory probably undermined the Cartesian system more than the incompleteness of the system would have done if the physics had been permanently suppressed.

It is sometimes said that the failings of Descartes's science were bound to be acute, because it was founded on armchair speculation that he rarely bothered to test experimentally. The idea that Descartes was too fond of a priori theorizing rests in part on a misinterpretation of how the general propositions in his physics are supposed to be derived. In the *Principles* (9B. 10), as indeed in the earlier *Discourse* (6. 40), Descartes seems to suggest that there can be an uninterrupted chain of reasoning from the two principles of his metaphysics ('I am thinking, therefore I am' and 'God exists'), to the principles relating to material things given in his physics. It is clear that the metaphysical truths are arrived at independently of experiment or observation of any kind; if the principles of his physics are simply deducible from his metaphysics, then it seems that they, too, must be formulable a priori, and known to be true independently of any efforts at verification and falsification, contrary to some popular canons of scientific method.

Several observations may be made in reply to this. First, whether or not it conforms to the pattern of uninterrupted reasoning so admired by Descartes, much fruitful scientific theorizing has been conducted a priori – by thought experiment. Second, in Descartes's sense of 'deducible', the claim that certain principles are 'deducible' from others is not the claim that the principles follow logically from the others and are therefore known to be true a priori. In Descartes's use, 'deduction' and cognate expressions seem to describe an extended passage in thought from one consideration to another without doubt or unclarity setting in. Cartesian deduction does not seem to require that one consideration should actually *follow* from another in a sense explained by formal logic, for he often identifies deduction with what he calls 'enumeration', and enumeration with what leads to an answer to a 'question' or 'problem', once a question has been analysed. The reconstruction of a solution out of components of a question can be the reconstruction of words out of things, causes out of effects, sums out of numbers, substances out of properties (cf. 10. 433, 471–2). Thus 'deduction' does not always seem to assume or lend itself to a form of inference from premisses to conclusion. And, as seen earlier in connection with his 'logic', his concepts of demonstration and proof straddle the a priori/a posteriori distinction.

Finally, it is just false that Descartes believed experiment and observation had no role to play in physics. While all that was 'most general' in physics was supposed to be arrived at non-experimentally, much else, in fact a host of hypotheses proposed to explain *specific* phenomena, needed to be tested by experiment and observation. The fact that so many experiments were required is cited by Descartes to explain why he personally had been unable to offer accounts of 'all the particular bodies which exist on the earth, namely minerals, plants, animals, and, most importantly, man' (9B. 17).

Chapter 18
The 'Other Sciences'

In the preface to the French edition of the *Principles* Descartes compared the whole of philosophy to a tree, whose roots are metaphysics, whose trunk is physics, and whose branches 'emerging from this trunk are all the other sciences, which may be reduced to the three principal ones, namely medicine, mechanics and morals' (9B. 14). He went on to claim that the principal benefits of philosophy were to be got from these branches, rather than from the trunk or roots (9B. 15). He said that, for a time, he had hoped the *Principles* would introduce readers to the most profitable parts of philosophy, but in the end he had found he lacked the necessary resources. His work on mechanics, medicine, and morals never reached completion, but he did make some progress with these subjects in the 1630s and late 1640s.

By 'mechanics' he seems to have meant the study of the ways in which matter composes particular kinds of bodies, including plants, animals, and the human body. Medicine was concerned with the causes of, and means of conserving, life in the human body. Morals was the study of the passions, strategies for controlling them, and ways of directing the will towards good and evil: it presupposed 'a complete knowledge of the other sciences' and was 'the ultimate level of wisdom' (9B. 14). Unlike mechanics, which seems to have depended on metaphysics only by way of physics, morals and medicine drew directly on the doctrine of mind and body outlined in the Sixth Meditation. Descartes never succeeded in giving finished accounts of either subject. In the 1630s he compiled a summary of existing medical lore, but the main source for his own medical theory seems to be the incomplete *Description of the Human Body*, which he worked on during the winter of 1647–8. For Descartes's views on ethics one has to rely on his last published work, *The Passions of the Soul* (1649), suggestive but scattered comments in his correspondence with the French ambassador to Sweden, Pierre Chanut, and his letters to Princess Elizabeth of Bohemia.

Part One of the *Passions* leads, via a complex series of definitions, and some physiological theory that is given in Descartes's earlier treatises, to a classification of the passions, and a diagnosis of the conflict between the higher and lower parts of the soul. In general, a passion is what happens to a soul as distinct from what it does. 'Perceptions or modes of knowledge' count as passions in this very general sense (11. 342). But, more narrowly taken, the phrase 'passion of the soul' covers only those perceptions 'whose effects we feel as being in the soul itself', such as joy and anger (11. 347), and that we feel characteristically as agitating the soul and disturbing it strongly.

The passions dispose us to bodily movements, producing such movements by occasioning movements of the pineal gland (11. 361). Conflicts between the natural appetites and the will (a topic Princess Elizabeth got Descartes to write about repeatedly) occur when the soul and the body occasion opposed movements in the pineal gland at the same time (11. 364). Such conflicts are properly resolved when the soul has made, and is determined to follow, 'firm and determinate judgements based on the knowledge of good and evil' (11. 367). But power over the passions is available, vicariously, even to those who have no rational self-control: people like these can be trained and guided by those in whom reason has got the upper hand.

The pursuit of virtue involves living so as never to be able to reproach oneself for failing to do what one thinks best (11. 422). Descartes described it as 'a supreme remedy' against the passions. Apparently the medical terminology is deliberately chosen, for Descartes seems to have thought of personal morality as the preservation of the health of the soul, just as medicine was for the preservation of the health of the body. Indeed, Descartes did not think just that there was a parallel between morality and medicine, but that the former was dependent on the latter. The measures Descartes favoured for controlling the passions included a properly balanced diet, exercise, and the use of drugs and 'waters'. There is, for example, an exchange of letters between Princess Elizabeth and Descartes from May and June 1645 on the advisability of taking spa waters for a dry cough and slow fever. Descartes had previously cited sadness as the cause of slow fever, and, in approving the treatment with spa water, he advised Elizabeth to combine it with a form of meditation that would free her from sad thoughts. The meditation consisted of 'imitating those who, in looking at the verdure of a wood, the colours of a flower, the flight of a bird, and such things as require no attention, convince themselves that they are not thinking of anything'.

Ethics as conceived by Descartes was not just a matter of the control of passions in individuals. It embraced the idea of the public good. In general, Descartes wrote to Elizabeth on 15 September 1645, the public interest was to be put before the private. This view was backed up by something like a metaphysical thesis: that the whole was more important than the part, the universe more important than the earth.

Chapter 19
Last Days

Descartes left Holland for Sweden in 1649. Pierre Chanut, the French ambassador in Stockholm, had been corresponding with Descartes largely on behalf of Queen Christina, who, like Princess Elizabeth, sent the philosopher questions about the passions, as well as topics in moral philosophy. To give her an indication of the theory behind the opinions he expressed in his letters, Descartes presented Christina with a copy of *The Passions of the Soul.* The book so impressed her that she asked Descartes to join her court. He hesitated, but eventually accepted the offer.

He had reason to be weary of Holland. The long feud with Voetius in Utrecht had been followed by another controversy at Leiden, once again involving followers of Descartes among the philosophers, and anti-Cartesian theologians. Descartes was accused of the heresy of pelagianism (the denial of original sin, and the assertion of the possibility of salvation without divine grace), in theses submitted by a professor called Triglandius. Revius, the principal of a theological college associated with the University of Leiden, joined in with accusations of blasphemy against Descartes. (Revius had previously been rebuffed by the philosopher after trying to convert him to Protestantism, and he seems to have harboured a grudge.) In May 1647 Descartes wrote to the university and to city officials to protest against the attacks from the theologians, and he challenged his opponents to justify their charges with passages from his writings. In the end a ruling was issued prohibiting references to Descartes in theses or lessons given by professors in Leiden. It was at this time that Descartes began to consider leaving Holland for good.

Close to the time of the publication of the French edition of the *Principles*, friends of Descartes in France tried to win him a favour from the King of France. He was awarded a pension, which he subsequently had trouble collecting, and travelled to Paris in 1648 to see whether he could get a post in the King's service. The trip was unsatisfactory: Descartes complained of attracting interest only as an exotic specimen, like an elephant or a panther (5. 329). He felt out of place in Paris, which was shaken by political troubles, and, to make things worse, Mersenne was dying. Descartes left for Holland at the end of August, and Mersenne died on 1 September. Claude Clerselier then took his place as Descartes's chief correspondent.

Descartes thus returned to Holland empty-handed, and to face fresh controversy. Regius, his ally in the dispute with Voetius, had turned against him. In 1646, against Descartes's advice, Regius had published a treatise in physics mainly containing ideas borrowed from the philosopher, as well as misrepresentations of Descartes's metaphysical views. Descartes had repudiated Regius's treatise in the preface to the French edition of the *Principles* in 1647. Regius responded in a tract, and Descartes produced a point-by-point rejoinder – *Notes Against a Certain Programme* – in 1648.

The various disappointments and disputes of the late 1640s might have been expected to make a real recluse of Descartes, by then living near Alkmaar in Egmond, but he continued to receive visitors. One of these, a young man called Frans Burman, made a record of a long philosophical conversation he had over dinner with Descartes in April 1648. Burman put to him a large number of prepared questions, which Descartes seems to have answered with remarkable directness and presence of mind.

7. Queen Christina of Sweden listening to Descartes giving an early-morning philosophy lesson – the activity which led to his premature death in 1650

In 1649 two invitations came for Descartes to join Queen Christina's court in Stockholm. Christina took advantage of Descartes's failure to find a position for himself when he returned to France in 1648, and seized the opportunity to make a prestigious addition to her entourage. The philosopher did not accept these invitations straightaway. He feared that his agreeing to go to Sweden would not look well: for one thing, he was a Catholic and could not easily join a Protestant court; for another, he did not wish to appear to be distracting Christina from affairs of state. But in the late summer of 1649 he overcame his reluctance and left for Stockholm.

He regretted his decision almost from the time he arrived. His services as a philosopher were called on rarely and at inconvenient times: Christina liked taking her lessons at five o'clock in the morning. Descartes's friend Chanut, whose company he had counted on, was away from Stockholm until December 1649. The philosopher was pressed into writing a ballet programme and then worked on a comedy about two princes who thought they were shepherds. The Swedish winter disagreed with him. He became ill and died on 11 February 1650.

Chapter 20
Descartes's Ghost

Descartes's writings were placed on the Index by the Roman Catholic Church in 1663. Complaints about his having subtracted God from the study of natural science mounted after his death, and the Jesuits, whom he had taken such pains to placate, were foremost in the drive to have his work proscribed. The condemnation of 1663 was only the first in a long series of prohibitions that culminated, in 1691, in a royal ban on the teaching of any article of Cartesian philosophy in any school in France. Some decades later, Newton's physics superseded Descartes's, and in France and elsewhere revisionary interpretations of his metaphysics, and elaborations of his logic and ethics, began to be put forward.

For the two decades or so immediately following Descartes's death 'Cartesian' became a label for anyone who aligned himself with the programme for a 'complete philosophy' that had been outlined in the preface to the French edition of *The Principles of Philosophy*. Descartes had said in the preface that Parts Two, Three, and Four of the *Principles* contained all that was most general in physics (9B. 16), but that more was needed to state a complete science of material substance. The *Principles* included formulations of the laws of nature, a cosmological theory, or account of the make-up and generation of the physical universe, and an explanation of the 'elements' or bodies most commonly found on the earth, and their qualities. But concerning 'particular bodies', namely minerals, plants, animals, and, most importantly, man, much remained to be said.

To supply this missing material, Descartes said, observations and experiments were needed that were both too numerous and too expensive for one man to perform (9B. 17). These were the observations and experiments that the earliest of the 'Cartesians' undertook to carry out. Working with the laws of motion as stated in Part Two of the *Principles*, the theory of vortices or whirlpools of matter in Part Three, and the doctrine of the subtle matter in Parts Three and Four, scientists such as Jacques Rohault and Pierre Sylvain in France, and Johannes Clauberg in Holland and Germany, tried, in effect, to supply the missing pieces of Descartes's physics. Their research programme petered out when serious anomalies in the Cartesian theory of gravity, and of planetary motion and position, were corrected by Newton, whose radically different theory took as irreducible a notion of force (universal attractive force) that Descartes could not accommodate.

In the description of how to instruct oneself in philosophy that he gave in the preface to the French edition of the *Principles*, Descartes said that before confronting physics one should immerse oneself in metaphysics, and that before approaching metaphysics one should practise logic:

> I do not mean the logic of the schools, for this is strictly speaking nothing but a dialectic which teaches ways of expounding to others what one already knows or even of holding forth without judgement about things one does not know . . . I mean the kind of logic which teaches us to direct our reason with a view to discovering the truths of which we are ignorant.
> (9B. 13–14)

We have already gained an impression of this 'logic' from earlier comments on the *Regulae* and the four precepts stated in Part Two of the *Discourse.* After Descartes's death, in 1664, Antoine Arnauld and Pierre

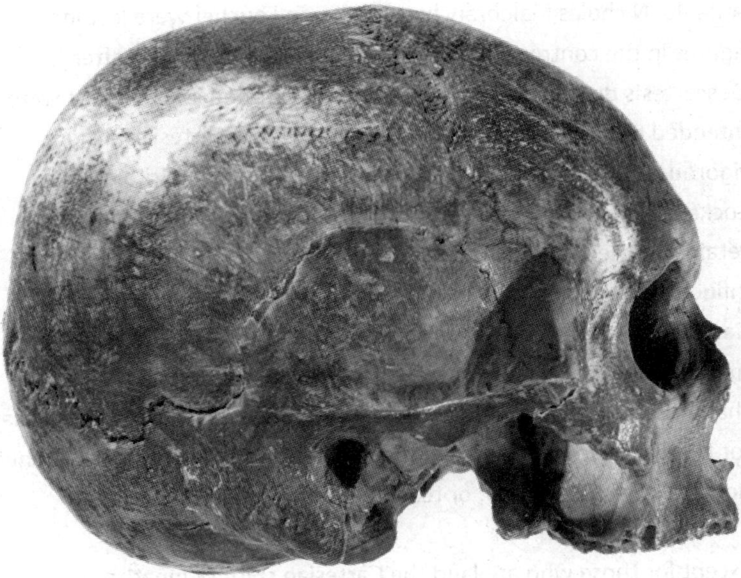

8. The skull of Descartes, preserved in the Musée de l'Homme in Paris

Nicole issued *La Logique, ou l'art de penser* (*Logic, or the Art of Thinking*), in which the *Regulae*, not published during Descartes's lifetime but found among his papers at his death, was adapted and enlarged upon. Arnauld and Nicole were not the only or even the first of Descartes's followers to try to spell out the 'new' logic. Johannes Clauberg, already mentioned in connection with the Cartesian movement in physics, tried to do the same thing.

Works by other philosophers, scientists, and theologians of the period can also be read as contributions to the programme Descartes was unable to complete. Arnold Geulincx, a Flemish philosopher, produced a treatise on ethics along Cartesian lines in 1655. There is, too, a long list of philosophers, Geulincx included, who attempted to clear up the many difficulties in Descartes's metaphysics. Problems concerning ideas, and the relation between mind and body, preoccupied the earlier commentators, as did the Cartesian theory of causality, and the metaphysical theory of the relation between substance and attribute.

Arnauld, Nicholas Malebranche, and Simon Foucher were leading figures in the controversies concerning metaphysics soon after Descartes's death. Leibniz and Spinoza elaborated systems that were intended to be, in some ways, more thoroughly Cartesian – more rigorously deductive – even than Descartes's own. In Britain, John Locke reacted against the innatism of Cartesian epistemology, but retained a theory of ideas. George Berkeley and David Hume, influenced by Malebranche, joined in the criticism and revision of the Cartesian theory of two substances, and of a causally efficacious material substance. The work of all these writers is much closer than that of Cartesian physicists and moralists to studies of Descartes today, for the Descartes who still haunts people is the ghost of a philosopher, not of a physicist, doctor, or teacher of ethics.

Except for those who applaud the Cartesian spirit of innatism in linguistics, philosophers in the English-speaking world are nowadays mostly agreed on the need to lay Descartes's ghost. It says a lot for the power of Cartesian philosophy that the activity of interring it still goes on. Philosophers continue to express elaborate disagreement with Descartes's theory of ideas, his dualism, his view that science must proceed from self-evident principles, and his belief that considerations about knowledge lie at the centre of philosophy. There is a system in these doctrines, and this helps to explain their staying power. They are all arrived at in the course of discharging a single task, namely that of showing that a mathematical understanding of the physical world is more objective than one suggested by the senses, and that the human intellect is capable of forming this more objective conception. No doubt Descartes's way of establishing these things is full of misconceptions. Generations of critics have proved as much. But the criticism would not have endured if philosophers were not still captivated by Descartes's task. They still are captivated. They still are inclined to argue about the types of subject matter it is possible to have an increasingly objective understanding of. What lends sense to these arguments is the clear picture we now have of what it is like to understand the *material* world better and better. An early version of this picture is due to Descartes. It is what makes it so difficult to lay his ghost.

Further Reading

Descartes's Own Writings

The two-volume selection by Cottingham, Stoothoff, and Murdoch (see under Texts and Translations) is the most satisfactory collection of Descartes's writings in English. Individual philosophical texts by Descartes are also widely available in paperback editions published by Penguin, Everyman, Mentor, and Nelson. A particularly useful translation by Stephen Voss of *The Passions of the Soul* (Indianapolis, 1989) can also be mentioned in this connection. The selection of Descartes's enormous correspondence translated by Anthony Kenny (see under Texts and Translations, p. ix) has now been corrected, enlarged, and incorporated as a third volume into the Cottingham, Stoothoff, and Murdoch edition of Descartes's writings. Further correspondence, on psychology and ethics, has been translated by John Blom (see below). Also of interest is Descartes's *Conversation with Burman*, edited and translated by John Cottingham (Oxford: Clarendon Press, 1976).

Descartes's scientific writings are usually excerpted rather than printed complete. The selections given in Cottingharn *et al.* should meet the needs of the general reader. For the *Discourse and Essays* in its entirety, see the English translation by Paul Olscamp (Indianapolis: Bobbs-Merrill, 1965). See also T. S. Hall (trans.), *Treatise of Man* (Cambridge, Mass.: Harvard University Press, 1972), and the translation of *The Principles of Philosophy* published by Reidel in 1984.

In French, besides the Adam and Tannery, there is an edition of Descartes's writings by Alquié (Paris: Gamier, 1963–73).

Biographies

The first biography of Descartes was Adrien Baillet's *La Vie de Monsieur Descartes*, published in 1691 (Paris: La Table Ronde, 1946), recently reprinted by Slatkine Reprints (Geneva, 1970). Modern accounts of Descartes's life, which at times correct Baillet, include Charles Adam, *Vie et Œuvres de Descartes* (1910; AT, vol. 12), on which I have relied heavily, and, in English, Jack Vrooman, *René Descartes: A Biography* (New York: Putnam, 1970). Much more recent is Stephen Gaukroger, *Descartes: An Intellectual Biography* (Oxford: Clarendon Press, 1995), which has a very full treatment of Descartes's scientific writings.

Descartes's Science

Apart from Gaukroger's biography of Descartes, one of the few recent books to cover Descartes's philosophy *and* science is Daniel Garber's excellent *Descartes' Metaphysical Physics* (Chicago: University of Chicago Press, 1992). Considerably older but still worth consulting is Jonathan Rée, *Descartes* (London: Allen Lane, 1974). More on Descartes's philosophy and science can be found in Desmond Clarke, *Descartes' Philosophy of Science* (Manchester: Manchester University Press, 1982), and the collection of papers edited by Stephen Gaukroger, *Descartes: Philosophy, Mathematics, and Physics* (Brighton: Harvester, 1980).

Descartes's science is considered in some depth in J. F. Scott, *The Scientific Work of René Descartes* (London: Taylor and Francis, 1952). Also useful is the chapter on Descartes in volume 7 of Lynn Thorndike, *History of Magic and Experimental Science* (New York: Columbia University Press, 1958).

For a more general survey, see Gerd Buchdahl, *Metaphysics and the Philosophy of Science: The Classical Origins – Descartes to Kant* (Oxford: Blackwell, 1969).

Philosophy

Among the many good books on Descartes's philosophy, I mention: Anthony Kenny, *Descartes: A Study of his Philosophy* (New York: Random House, 1968); Harry Frankfurt, *Demons, Dreamers and Madmen: The Defence of Reason in Descartes's Metaphysics* (Indianapolis: Bobbs-Merrill, 1970); Bernard Williams, *Descartes: The Project of Pure Enquiry* (Harmondsworth: Penguin, 1978); E. M. Curley, *Descartes against the Sceptics* (Oxford: Blackwell, 1978); Margaret Wilson, *Descartes* (London: Routledge and Kegan Paul, 1978); John Cottingham, *Descartes* (Oxford: Blackwell, 1986).

Recent collections of articles on Descartes's philosophy include John Cottingham (ed.), *The Cambridge Companion to Descartes* (Cambridge: Cambridge University Press, 1992), Stephen Voss, *Essays on the Philosophy and Science of Descartes* (Oxford: Oxford University Press, 1993), and John Cottingham (ed.), *Reason, Will and Sensation: Essays on Descartes's Metaphysics* (Oxford: Clarendon Press, 1994). A collection of articles on the Objectors to the *Meditations* edited by Roger Ariew and Marjorie Grene (Chicago: University of Chicago Press, 1995) includes contributions from leading French Descartes scholars.

Ethics and Medical Writings

Texts, including letters, relevant to a study of what Descartes calls 'morals', are assembled in John Blom (trans.), *Descartes: His Moral Philosophy and Psychology* (Hassocks: Harvester, 1978).

Descartes's medical writings are discussed and interpreted in Richard Carter, *Descartes's Medical Philosophy* (Baltimore: Johns Hopkins University Press, 1978).

Influence of Descartes after his Death

On Cartesianism in philosophy after Descartes's death, see Norman Kemp Smith, *Studies in the Cartesian Philosophy* (London: Macmillan,

1902), and Richard Watson, *The Downfall of Cartesianism 1673–1712* (The Hague: Martinus Nijhoff, 1966).

The influence of Cartesian innatism in linguistics is discussed in Part Three of S. Stich (ed.), *Innate Ideas* (Berkeley and Los Angeles: University of California Press, 1975).

For an indication of reactions against Descartes in latter-day philosophy, see Rée (cited above), and Richard Rorty, *Philosophy and the Mirror of Nature* (Oxford: Blackwell, 1980).

“牛津通识读本”已出书目

古典哲学的趣味
人生的意义
文学理论入门
大众经济学
历史之源
设计，无处不在
生活中的心理学
政治的历史与边界
哲学的思与惑
资本主义
美国总统制
海德格尔
我们时代的伦理学
卡夫卡是谁
考古学的过去与未来
天文学简史
社会学的意识
康德
尼采
亚里士多德的世界
西方艺术新论
全球化面面观
简明逻辑学
法哲学：价值与事实
政治哲学与幸福根基
选择理论
后殖民主义与世界格局
福柯
缤纷的语言学
达达和超现实主义
佛学概论
维特根斯坦与哲学
科学哲学
印度哲学祛魅
克尔凯郭尔
科学革命
广告
数学
叔本华
笛卡尔
基督教神学
犹太人与犹太教
现代日本
罗兰·巴特
马基雅维里
全球经济史
进化
性存在
量子理论
牛顿新传
国际移民
哈贝马斯
医学伦理
黑格尔
地球
记忆
法律
中国文学
托克维尔
休谟
分子
法国大革命
民族主义
科幻作品
罗素
美国政党与选举
美国最高法院
纪录片
大萧条与罗斯福新政
领导力
无神论
罗马共和国
美国国会
民主
英格兰文学
现代主义
网络
自闭症
德里达
浪漫主义
批判理论

德国文学
戏剧
腐败
医事法
癌症
植物
法语文学
微观经济学
湖泊
拜占庭
司法心理学
发展
农业
特洛伊战争
巴比伦尼亚
河流
战争与技术
品牌学
数学简史

儿童心理学
时装
现代拉丁美洲文学
卢梭
隐私
电影音乐
抑郁症
传染病
希腊化时代
知识
环境伦理学
美国革命
元素周期表
人口学
社会心理学
动物
项目管理
美学
管理学

电影
俄罗斯文学
古典文学
大数据
洛克
幸福
免疫系统
银行学
景观设计学
神圣罗马帝国
大流行病
亚历山大大帝
气候
第二次世界大战
中世纪
工业革命
传记
公共管理
社会语言学